Anonymus

Bismarck-Album des Kladderadatsch

300 Zeichnungen von Wilhelm Scholz

Anonymus

Bismarck-Album des Kladderadatsch

300 Zeichnungen von Wilhelm Scholz

ISBN/EAN: 9783955643843

Auflage: 1

Erscheinungsjahr: 2013

Erscheinungsort: Bremen, Deutschland

EHV
HISTORY

Bismarck-Album

des

Kladderadatsch

Mit dreihundert Zeichnungen

von

Wilhelm Scholz

Und vier facsimilirten Briefen des Reichskanzlers

Fünfundzwanzigste Auflage

Berlin

A. Hofmann & Comp.

1893

Es ist ein großes Stück Geschichte, welches durch das vorliegende Album in Bild und Wort, in humoristisch-satirischen Darstellungen wie auch in ernsten dichterischen Worten illustrirt wird, und deren Mittelpunkt die gewaltige Gestalt des ersten deutschen Reichskanzlers bildet. Was in einer langen Reihe von Jahrgängen des Kladderadatsch über den Fürsten Bismarck an bildlichen Darstellungen wie auch im Texte vorhanden war, sollte darin zusammengestellt und, wo es nöthig schien, durch kurze Erläuterungen zu einem einheitlichen Ganzen verbunden werden. Nicht Alles, was zu dem Thema Bismarck gehörte, war in den geschlossenen Rahmen zu bringen, und daß manches wegfallen konnte, was auf minder wichtige Episoden Bezug hatte, dürfte dem Eindruck des Gesammtbildes nur vortheilhaft sein. Weil aber dies Album seinem Gesammtinhalte nach ein vollständiges Bild der im Kladderadatsch illustrirten Persönlichkeit des Kanzlers geben soll, so durften darin auch die schärfsten satirischen Angriffe gegen ihn nicht fehlen.

Wie man aus dem Inhalte ersieht, reichen die bildlichen Darstellungen bis auf das Jahr 1849 zurück, da Herr v. Bismarck noch Abgeordneter der zweiten Kammer war; die erste Erwähnung im Texte ist aus dem Jahre 1851. In der langen Zwischenzeit von 1853—1862 liegt nur eine kleine Episode aus dem Jahre 1859, der wir aber den hier mitgetheilten und facsimilirten Brief an den Redacteur Ernst Dohm verdanken. Die letzten vier Jahre boten, trotz der großen Reformen im Innern, doch wenig Anlaß zu bildlichen Darstellungen und konnten uns daher nur geringe Ausbeute liefern. Die größte Fülle tritt erst nach 1866 ein.

Was die Redaction des ganzen Stoffes betrifft, so fand der Verleger es angemessen, dieselbe einer literarischen Persönlichkeit anzuvertrauen, welche zwar die politischen Ereignisse der letzten vierzig Jahre mit durchlebt hat, aber der Redaction des Witzblattes selbst nicht angehört. Sowohl für die Beurtheilung des literarischen und künstlerischen Inhalts wie auch für die danach getroffene Auswahl des reichen Materials wurde hierdurch die dem Zwecke dieser Ausgabe entsprechende Objectivität ermöglicht.

Da die Verfasser der einzelnen literarischen Erzeugnisse im Kladderadatsch niemals genannt wurden, so war es auch nicht nöthig, oft auch nicht möglich, sie in diesen Auszügen besonders zu bezeichnen. Die Autorschaft der verschiedenen literarischen Erzeugnisse ist daher auf die nachgenannten Mitglieder der Redaction zu vertheilen. Nachdem im Mai 1848 der Kladderadatsch von dem bekannten Humoristen D. Kalisch in Gemeinschaft mit dem Buchhändler Albert Hofmann begründet worden war, übernahm ein halbes Jahr später Ernst Dohm die verantwortliche Redaction und blieb in dieser Eigenschaft sowohl, wie durch seine eigenen geistvollen Schöpfungen, die Seele des Blattes. Nach dem Tode Dohm's, Anfangs 1883, hatte sein langjähriger treuer Kollege Rudolf Löwenstein die Redaction fortgeführt, während schon seit 1862 Johannes Trojan als regelmäßiger und sehr erfolgreich thätiger Mitarbeiter eingetreten war. Später gesellte sich Polstorff dem Kollegium bei, während seit einigen Jahren Trojan auch die verantwortliche Redaction führt.

Die bildlichen Darstellungen, welche den Hauptinhalt unseres Albums bilden, rühren fast sämmtlich, mit nur wenigen vereinzelten Ausnahmen aus letzter Zeit, von Wilhelm Scholz her, welcher seit dem Bestehen des Kladderadatsch noch heute der Redaction angehört. Was Scholz in seinen ausgezeichnet satirischen Darstellungen Louis Napoleons, seit dem Beginn von dessen Herrschaft, geleistet hat, kommt in unserm Album nicht zum Ausdruck. Eine größere und schwierigere Aufgabe übernahm er in den Darstellungen Bismarck's, und man wird aus dem Album wahrnehmen können, wie mit der wachsenden Größe Bismarck's auch des Zeichners Kräfte sich erhöhten. Wer nach Scholz sich noch an diesem Gegenstand versuchte, der war doch genöthigt, die von Scholz erschaffenen und typisch gewordenen drei Haare mit zu übernehmen.

Den historischen Leitfaden, welcher den aus dem Blatte selbst genommenen Inhalt vermitteln soll, möge man nachsichtig beurtheilen, da derselbe nur den Zweck hat, das aus einem so ausgedehnten Zeitraum genommene Material in angemessenen Zusammenhang zu bringen und dort, wo einzelne Beziehungen heute vielen unverständlich sein würden, sie mit einem kurzen Commentar zu begleiten.

Bei der Auswahl der Zeichnungen, welche hier sämmtlich nach den Original-Holzstöcken wiedergegeben sind, war sowohl die Bedeutung der darin behandelten Fragen bestimmend, wie auch die außerordentliche Mannigfaltigkeit in den Darstellungen Bismarck's, und wer diese hunderte von Zeichnungen beisammen sieht, wird über die Unerschöpflichkeit in der Erfindung erstaunen müssen.

Aber noch ein Anderes wird der unbefangene Leser beim Durchblättern dieses Albums erkennen müssen: wie wenig berechtigt der dem Kladderadatsch in neuerer Zeit von gewisser Seite gemachte Vorwurf ist: einer besonderen, nach rechts gehenden Parteirichtung verfallen zu sein. Im Gegentheil: Wenn das Blatt ehedem vorübergehend eine einseitige Parteistellung einnahm, so hat es sich gerade in den letzten Jahren von jeder Parteidienerei emanzipirt, indem es wieder mehr der Aufgabe eines satirischen Blattes zu entsprechen suchte, jegliche Parteirichtung, wo sie Schwächen bot, mit der Waffe des Spottes anzugreifen, daneben aber auch das wahrhaft Große und Verdienstliche zu ehren. Die Geschichte Bismarck's seit 1862, namentlich in den großen Wendepunkten von 1866 und 1870, die verschiedenen Phasen seines Wirkens und seiner wachsenden Popularität, wie sie der Inhalt dieses Albums anschaulich macht, steht den Herausgebern des Blattes als volle Rechtfertigung zur Seite. Denn es ist, im Gewande des Humors und der Satire, eine Chronik jener großen Epoche mit ihren wechselnden Zeitstimmungen, ihren Irrungen und erhebenden Momenten.

So dürfen wir hoffen, daß mit diesem Album allen Vaterlandsfreunden — welcher politischen Richtung sie auch angehören mögen — eine Gabe dargeboten wird, an welcher sie sich erheitern und erfreuen können.

Berlin, im März 1890.

Zur zweiten bis fünfundzwanzigsten Auflage.

Die Herstellung des Bismarck-Albums war ursprünglich aus der Absicht hervorgegangen, dasselbe zum fünfundsiebzigsten Geburtstag des Reichskanzlers dem deutschen Volke als eine Festgabe darzubieten. Anfangs Januar begonnen, war der Druck des Werkes gegen Mitte März vollendet, ehe das Ereigniß eintrat, welches die Welt in Bewegung setzte. Die Bestellungen auf das Buch waren unterdessen so massenhaft eingelaufen, daß schon am ersten Tage des Erscheinens die ganze bedeutende Auflage vergriffen war. Bei der vorliegenden neuen Auflage des Buches ist im Inhalte des Buches nichts verändert worden, abgesehen von wenigen kleinen Verbesserungen und der Hinzufügung des Abschieds-Bildes und Gedichtes, welches Kladderadatsch nach dem Rücktritt des großen Kanzlers brachte.

Berlin, Ende April 1893.

Erst verspottet, dann befehdet,
Vielgeschmäht in allen Landen,
Hat er dennoch hohen Muthes,
Aufrecht stets und fest gestanden.
Dann gehaßt und dann gefürchtet,
Dann verehrt, geliebt, bewundert:
Also steht er, eine Säule,
Ueberragend das Jahrhundert.

Rudolf Genée.

1849.

Die erste bildliche Darstellung Bismarcks im Kladderadatsch findet sich in einem großen Tableau der Nr. 45 vom 4. Novbr. 1849, überschrieben: „Der neue Peter von Amiens und die Kreuzfahrer."

Herr v. Bismarck, als Abgeordneter in der II. Kammer (in Brandenburg für Westhavelland gewählt) bildet auf dem Bilde nur eine Nebenfigur in der Hauptgruppe der Kreuzzeitungs-Partei, deren Mittelpunkt die Herren v. Gerlach und Stahl bilden, während im Hintergrunde Wagner (Redakteur der Kreuzzeitung) und Gödsche, sein Adlatus, als Don Quixote und Sancho Pansa figuriren. Zur Linken Gerlach's, der als Peter von Amiens auf dem Esel reitet, geht Stahl als Jesuiten-Pater, den Esel am Zaume führend; auf der andern Seite Gerlach's schreitet der Abgeordnete v. Bismarck, dessen Panzer die Formen eines Krebses hat, in der Linken seinen Stammbaum, in der Rechten eine Geißel. (Herr v. Bismarck hatte zuletzt in der Sitzung vom 24. Oktober in einer scharfen Rede den preußischen Adel gegen die mannigfachen Angriffe vertheidigt.) In den unter dem Bilde stehenden Versen wird er bereits als „der Erzschelm in Panzer und Schuppen" bezeichnet.

In gleicher Weise, aber noch nebensächlicher behandelt, erscheint Bismarck in Nr. 51 des Blattes. Nach der großen Blamage, welche die Kreuzzeitungs-Partei durch den Ausgang des Waldeck'schen Prozesses (3. Dezbr.) erlitten, erschienen mehrere darauf bezügliche Bilder. Auf dem letzten, „Die trauernden Kreuzritter auf den Trümmern des Waldeck'schen Prozesses," ist Bismarck — in ganz gleicher Erscheinung wie auf dem vorigen Bild — dargestellt, ist aber hier mehr Zuschauer als Mitleidender.

Bezüglich eines Confliktes des Abgeordneten v. Bismarck mit dem Redakteur Ernst Dohm verweisen wir auf die Schlußseite des Albums (184) und auf die zwei ersten facsimilirten Briefe im Anhang I u. II.

1851.

Im Mai 1851 wurde Bismarck durch den König Friedrich Wilhelm IV. als Vertreter Preußens an den Bundestag nach Frankfurt a. M. geschickt.

In der Nummer vom 18. Mai enthält der Kladderadatsch einige darauf bezügliche Zeilen, welche der nach dem Muster eines bekannten Berliner Börsenmannes von dem Blatte geschaffenen Figur des Zwickauer (in der bekannten Sprache desselben) zugetheilt sind:

Also Hörr von Büsmarck würd ßum Bundestag nach Frankfurt am Mäun geschückt. Ich glaube, sogleuch er würklich geschückt ist, würd dort Herr von Büsmarck schön hausen.

1852.

Nr. 5 (vom 1. Februar) enthält einen Dialog, welcher sich auf die in Frankfurt passirte bekannte Anekdote mit der Cigarre bezieht: Als Herr v. Bismarck dem Grafen Thun, als österreichischem Präsidialgesandten, einen Besuch machte, habe ihn dieser sehr formlos empfangen, indem er ruhig eine Cigarre weiter rauchte und ohne Herrn v. B. einen Stuhl anzubieten. Dieser habe darauf aus seiner Tasche eine Cigarre genommen und die Excellenz um Feuer ersucht. Der Dialog im Kl. verlegt die Scene nach der damals verbreiteten Auffassung in die Bundestagssitzung nach der Eschenheimer Gasse. Graf Thun ist darin nur als der „Bruder Wiener" und Bismarck als der „Bruder Berliner" bezeichnet. Der Schluß des langen Dialogs lautet:

Bruder Berliner: Wenn Oesterreich roocht, kann Preißen ooch roochen. Man 'n bisken Feier her!

Bruder Wiener: Halten zu Gnaden — die Sackerlotscigarre ist mir ausgegangen!

(Er wirft die Cigarre weg.)

Bruder Berliner ebenfalls. Der Vorhang fällt vor Lachen über Deutschlands Einheit.

— In Nr. 13 (vom 28. März): L'Enfant terrible. In der II. Kammer (Sitzung vom 20. März) hatte bei der Diskussion über den Militär-Etat der Abg. Harkort wieder die Bevorzugung des Adels in der Armee kritisirt. Abg. v. Bismarck, welcher darauf die militärischen Talente der Opposition scharf ironisirte, bemerkte am Schluß seiner sensa-

Der neue Peter von Amiens und die Kreuzfahrer.

Es hält Sankt Stahl des Esels Zaum, Sankt Gerlach führt die Truppen,
Zur Seite steht Herr Bismarck treu, der Erzschelm, in Panzer und Schuppen.
Und die sich als Lanzknechte mit ihren Mähren quetschen,
Das ist Herr Wagner-Don Quixote mit Sancho Pansa-Gödschen.

tionellen Rede u. A: „Wenn der Herr Abgeordnete auch die Aeußerung hier wiederholt hat, daß die Regierung dem Volke mißtraue, so kann ich ihm sagen, das auch ich allerdings der Bevölkerung der großen Städte mißtraue, so lange sie sich von ehrgeizigen und lügenhaften Demagogen leiten läßt, daß ich aber dort das wahre preußische Volk nicht finde. Letzteres wird vielmehr, wenn die großen Städte sich wieder einmal erheben sollten, sie zum Gehorsam zu bringen wissen, und sollte es sie vom Erdboden vertilgen."

Bezüglich der bildlichen Darstellung Bismarck's in dieser Zeit sei hier bemerkt, daß er auch auf den historischen Portraits aus jenen Jahren noch mit Vollbart abgebildet ist.

Außer dem untenstehenden Bilde „L'enfant terrible" brachte das Blatt in derselben Nummer noch im Texte eine Menge auf Bismarck's Worte bezügliche Notizen. Wir geben davon nur eine Auslese:

Was üst da weuter dabeu? Soglench das preußische Volk die großen Stödte vom Oerdboden vertülgen wüll, wörde ich in euner Sommerwohnung auf dem Lande süßen. So vereunüge ich das Nützliche mit dem Angenöhmen. Zwickauer.

—

Wenn aber die Bauern in Schönhausen einmal rebellisch würden — würden sie auch das Gut Schönhausen vom Erdboden vertilgen lassen?

Ein Kossäth.

—

Die übliche Abonnements-Einladung d. Bl., mit der Ueberschrift „Periculum in mora!" schließt:

„Denn wenn Du abonnirt hast, mußt Du ein Vierteljahr lang die Nummern des Kladderadatsch regelmäßig erhalten, und so lange Du die Nummern des Kladderadatsch regelmäßig erhältst, hast Du den sichersten Beweis, daß Du lebst und noch nicht vom Erdboden vertilgt bist. Aber eile, denn es ist Gefahr im Verzuge, und bedenke:

Qui cito dat — Bismarck dat!

L'Enfant terrible

oder instructiver Unterricht, in zwölf Stunden ein kleiner Demetrius zu werden.

1853.

Nr. 24 (vom 22. Mai). Das untenstehende Bild „Bei der drohenden Nähe eines Bundespreßgesetzes erlaubt sich Kladderadatsch, seine gehorsamste Vorstellung bei Herrn von Bismarck-Schönhausen zu machen", nebst dem darunter stehenden Citat aus Schiller's Don Carlos, erklärt sich von selbst. Es sei hier dazu nur bemerkt, daß es das letzte der Bilder ist, auf denen Bismarck mit Vollbart erscheint. In der hinter der Person des petitionirenden Kladderadatsch befindlichen Gruppe sind die sämmtlichen damaligen Mitglieder der Redaktion porträtirt: Ganz vorne Kalisch, neben demselben Dohm und Löwenstein, hinter diesem emporragend, den Zeichenstift mit abgebrochener Spitze tragend, W. Scholz, und neben demselben der besorgte Verleger A. Hofmann die „Caution" im Arme.

Von diesem Zeitpunkte ab tritt in den Erwähnungen Bismarck's eine sehr lange Pause ein. Anfangs 1859 war Herr von Bismarck von Frankfurt abberufen worden, um dann am 1. April 1859 seinen neuen Gesandtschaftsposten in Petersburg anzutreten.

Bei der drohenden Nähe eines Bundes-Preßgesetzes erlaubt sich Kladderadatsch, seine gehorsamste Vorstellung bei Herrn von Bismarck-Schönhausen zu machen.

„Ein Federzug von dieser Hand, und neu Erschaffen wird die Erde. — Geben Sie Gedankenfreiheit! — !!! —

1859.

Aus dieser Zeit haben wir außer einer Notiz im Blatte selbst einen dadurch veranlaßten, an den Redakteur desselben gerichteten werthvollen Brief mitzutheilen, welcher auf ein Abschieds-Diner Bismarck's in Frankfurt a. M. Bezug nimmt.

Nr. 14 u. 15 vom 27. März 1859 enthielt dies durch Zeitungsnachrichten veranlaßte Gespräch zwischen Müller und Schultze:

Müller. Ob denn das wahr sein mag, daß der abjejangene Preußische Bundestagsjesandte bei das Abschiedsfest, das ihm Herr von Bethmann in Frankfurt jejeben hat, einen Toast auf der „Alliance Preußens mit Frankreich" ausjebracht haben soll?

Schultze. Ja, jehört habe ich es ooch.

Müller. Ich kann es mir jar nich denken. Ich fände es unter die jejenwärtigen Verhältnisse doch jar zu — —

Schultze. Na wie denn?

Müller. Na, zu — diplomatisch.

Schultze. Nüchtern betrachtet, freilich; aber ich will dir sagen: bei solchen Jelejenheiten kommt es immer drauf an, beim wie vielten Glase so was jesprochen wird.

Müller. Na, jedenfalls war es bei dem Glase, das — der Stiefbruder von den Wirth hinjesetzt und nich mitjetrunken hat.

Schultze. Bravo!

Darauf erhielt der Redakteur Ernst Dohm das im Anhange III im Facsimile beigefügte Schreiben Bismarck's aus Petersburg.

1862.

Im Mai 1862 wurde Bismarck zum Gesandten in Paris ernannt, aber schon damals gingen Gerüchte über seine Berufung ins preußische Ministerium.

Am 18. Mai bereits enthielt der Kladderadatsch das folgende Gespräch zwischen Müller und Schultze:

Müller: Also Bismarck-Schönhausen soll auswärtiger Minister werden?

Schultze: So sagt man. Er soll aber als Bedingung seiner Annahme Anerkennung Italiens, Einschreiten in Kurhessen und Herstellung der deutschen Einheit stellen.

Müller: Bloß? Nanu, was bleibt denn uns da übrig?

Schultze: Des is ja eben die Schlauheit der Reaktion: Wir sollen jar nischt mehr verlangen können.

Ende Mai 1862 ging Bismarck als Gesandter nach Paris. Während der kurzen Zeit seines dortigen Aufenthaltes brachte das Blatt erst wieder — in der Doppelnummer vom 29. Juni das nebenstehende größere Bild: Faust (Bismarck) durch Mephistopheles (Louis Napoleon) in schöne Wahnbilder versenkt, mit darunter stehenden Versen aus Goethe's Faust. Das Journal des Debats, welches seine ihm schmeichelnde Biographie brachte, schwingt vor dem Entschlummernden den seine Sinne berauschenden Weihrauchkessel. Zu den kühnsten Traumbildern sollte ein Bündniß zwischen Preußen, Frankreich und Rußland gehören, und auch das im Hintergrund angedeutete Standbild wurde noch zu den „Traumbildern" gezählt. Bismarck ist hier noch als in der dämonischen Gewalt des Kaisers Louis Napoleon gefangen gehalten dargestellt. Man ahnte noch nicht, daß er damals schon den Kaiser überschaute.

In diesem Bilde erscheint B. zum ersten Male mit dem bloßen starken Schnurrbart. Im Uebrigen wird die Aehnlichkeit einigermaßen dadurch beeinträchtigt, daß seine großen Augen mit dem durchdringenden Blick geschlossen sind.

Der Widerspruch, welchen die vom König Wilhelm mit seinem Kriegsminister v. Roon ausgearbeitete Heeres-Reorganisation im preußischen Abgeordnetenhaus fand, hatte bereits zu einem ernsten Verfassungskonflikt geführt, als Herr von Bismarck im September von seinem Gesandtschaftsposten aus Paris abberufen wurde, um in Berlin als Staatsminister zugleich den interimistischen Vorsitz des Ministeriums zu übernehmen.

Lebendes Bild aus Goethe's Faust.

(In Paris gestellt.)

Mephistopheles: Du bist noch nicht der Mann, den Teufel festzuhalten!
Umgankelt ihn mit süßen Traumgestalten,
Versenkt ihn in ein Meer des Wahns!

— 14. Sept. (Nr. 42.) Müller und Schultze.

Müller: Sag' mal Schultze, hast Du denn ooch schon von Bismarck von Schönhausen seine jroße Projekte gehört?

Schultze: Ach Unsinn!

Müller: Nee, nee, es steht ja in alle Zeitungen.

Schultze: Na, denn is es erst rechter Unsinn! Das is nischt, als eine österreichische Reklame. Bismarck is man bloß ihr Struwelpeter, mit dem sie die Kleenen vor uns jraulich machen wollen.

Müller: Na ja! Das hab' ich mir ooch jleich jedacht. Denn wenn man bloß der zehnte Theil von alle die Jeschichten wahr wäre, denn müßte er ja wenigstens 'n kleener Napoleon sein.

Schultze: So is es, aber 'n janzer kleener!

Wie man die Berufung Bismarck's im preußischen Volke und namentlich in den oppositionellen Kreisen der Hauptstadt auffaßte, spricht sich in dem ganzen Inhalt der Doppelnummer vom 28. Septbr. (Nr. 44 u. 45) aus. In dem Leitgedicht „Patriotische Phantasien eines Rundschauers" wird nicht nur die radikale Züchtigung und Reaktion in Aussicht gestellt, sondern auch die tiefste Erniedrigung Preußens in allen schwebenden Fragen. Die Hoffnungen des „patriotischen" Rundschauers (Kreuzzeitung) werden auch dadurch ironisirt, daß man in Kurhessen und in Dänemark Alles wieder auf den alten Stand zurückzuführen bereit sei, in Wien wegen der „voreiligen" Anerkennung Italiens um Verzeihung bitten, beim Bundestag vor Reuß und Lichtenstein zu Kreuze kriechen und den Handelsvertrag mit Frankreich zurücknehmen wolle.

Die Stimmung, mit welcher Bismarck's erstes Erscheinen am Ministertische des Abgeordnetenhauses und des Herrenhauses am 29. September erwartet wurde, geben besonders zwei gegenüber stehende Gedichte in Nr. 44 u. 45 (vom 28. Septbr.) unter der Ueberschrift: „Blaue Montagsbilder für den 29. September" wieder. Das erste: „Leipzigerstraße 55", schildert (im Voraus) seine Aufnahme im Abgeordnetenhause, das andere: „Leipzigerstr. 3", die im Herrenhause.

— In Nr. 46 (vom 5. Oktober) zeigt das Bild „Die Geschäftsübergabe", wie „Bismarck von seinem Vorgänger v. B. die auswärtigen Angelegenheiten überwiesen" erhält.

„v. B." war der Minister des Auswärtigen Graf Albrecht v. Bernstorff. Bismarck erhielt Anfangs Oktober als Präsident des Staatsministeriums zugleich das Portefeuille für das „Auswärtige" überwiesen, indem Graf Bernstorff auf seinen früheren Posten als Botschafter nach London zurückkehrte. Bismarck hatte nicht nur den preußischen Verfassungsconflikt übernommen, sondern auch, wie das Bild veranschaulicht, die noch offene kurhessische und schleswig-holsteinische Frage.

— Nr. 48 vom 18. Oktbr. Das Bild „Lehrer und Schüler" scheint hier zwar bezüglich der Verabschiedung Bismarck's vom Kaiser Napoleon verspätet; Bismarck war aber erst Ende Oktober nochmals nach Paris gegangen, um sich am Tuilerienhofe offiziell zu verabschieden, und erst am 1. November hatte er in St. Cloud Audienz beim Kaiser, welcher an dem Gelingen des von Bismarck übernommenen schwierigen Werkes zu zweifeln schien. Dies Bild ging also seinem Abschiedsbesuch noch voraus, aber die eigentliche Tendenz des Bildes ist auf die Erwartung eines „Staatsstreichs" gerichtet, wofür dem verabschiedeten Gesandten Napoleon als das erhabene Vorbild dienen sollte. Herr v. Bismarck zeigte sich aber auch hierin keineswegs als „gelehriger Schüler", indem er fand, daß es auch ohne Staatsstreich gehen werde, wenn auch zunächst ohne Budget.

Die Geschäftsübergabe.

v. B. Hier übergebe ich Ihnen die Papiere der auswärtigen Angelegenheiten: die deutsche, die dänische und die hessische Frage.

v. B.-Sch. Aber die sind ja alle offen.

v. B. Allerdings, aber ich kann Sie versichern, daß sie sich alle in demselben Zustande befinden, in welchem ich sie überkommen habe.

Lehrer und Schüler.

Ein Jünger der Staatskunst verabschiedet sich von seinem Meister, um selbstständig das Geschäft zu betreiben.

Nr. 49 vom 26. Oktober das Bild: „Zur Saison".

Bismarck als Boreas, nur mit einer Cravatte bekleidet und auf dem Kopfe die Helmspitze als Zeichen seiner Streitbarkeit bläst mächtig in den Baum „Presse", daß die Blätter wild umhergewirbelt werden. Ein paar Schutzmänner lesen die gefallenen, darunter Volkszeitung und Reform, auf. Kladderadatsch steht erwartend mit großer Gemüthsruhe da.

Zur Saison.

Die Blätter fallen nieder. Ade! — Der Lenz kommt wieder. Juchhe!

Nr. 50, vom 2. November, das Bild: „Belohnung".

Bismarck als Tamino wird von zwei Priestern der Staatskunst — zur Linken Louis Napoleon, zur Rechten der frühere reaktionäre Minister v. Manteuffel (bereits 1858 durch den Prinz-Regenten Wilhelm entlassen) — in das von jenen Beiden gepriesene Land „zum heiteren Absolutismus" geleitet. Die „Zauberflöte" über der Eingangspforte ist als russisches Fabrikat kenntlich. — Im Hintergrunde schwebt noch der Geist Hassenpflug's.

Auch hier trägt Bismarck auf dem Kopfe nur die Spitze der Pickelhaube.

Belohnung.

„Dann wandelt er an Freundes Hand,
Vergnügt und froh in's beß're Land."

— Nr. 51 vom 9. November. Von der Heydt, dessen erste Finanzminister-Periode bereits im September 1862 beendet war, steht jetzt im Schlafrock vor seiner Villa und giebt in seiner behaglichen Situation dem kühnen Reiter den „guten Rath", wieder umzukehren. Die Spitze der Pickelhaube dringt bei Bismarck hier durch den Cylinderhut hervor.

Zu dem nachstehenden Gedicht:
Schon bei seinem ersten Erscheinen in der Budget-Kommission, vor der Plenarsitzung des 29. September, hatte Bismarck, noch in der Hoffnung, den Conflikt zu beseitigen, erklärt: der Conflikt werde „zu tragisch aufgefaßt" und von der Presse „zu tragisch dargestellt"; die Regierung suche keinen Kampf u. s. w. In derselben Erklärung sprach er das erste der geflügelten Worte von Blut und Eisen: „Nicht durch Reden und Majoritätsbeschlüsse werden die großen Fragen der Zeit entschieden das ist der Fehler von 1848 und 1849 gewesen — sondern durch Eisen und Blut."

Nr. 52 u. 53 vom 16. November.

Cavalier-Politik.

Wohl hab' ich einst manch ernstes Wort gehört,
Und zwar in „sonst gut unterrichteten" Kreisen:
Der Eine drohte „mit gezogenem Schwert",
Der Andre prophezeit von „Blut und Eisen".
Ernst und bedenklich glaubt' ich anfangs dran;
Jetzt weiß ich's besser und will mich nicht grämen.
Hat uns ein Weiser doch gerathen: man
Muß die Conflikte nicht zu tragisch nehmen.

Zwar stehn in nie versöhntem Gegensatz
Zum Kampf bereit die Träger zweier Zeiten;
Nur Einer kann behaupten noch den Platz,
Auf Tod und Leben gilt's ein hartes Streiten.
Zwar immer bittrer wird der alte Groll,
Und immer schwieriger der Haß zu zähmen;
Er aber spricht, harmlosen Scherzes voll;
Man muß die Sachen nicht zu tragisch nehmen!

Man muß nur etwa nicht als Staatsphantast
Noch träumen groß von idealen Zielen;
Das Einz'ge, was dem wahren Staatsmann paßt:
Die große Kunst ist's, mit dem Volk zu spielen.
Mein Spruch: Toujours fidèle et sans souci!
Und wenn mir gar zu ernst die Dinge kämen,
Dann — nun, dann — nimmt Manteuffel die Partie
Man muß die Sachen nicht zu tragisch nehmen!

Er lebe hoch, der weise Staatsmann, der
Dies große Wort gelassen ausgesprochen!
Als „Civilisationsstaatssekretär"
Hat er dem Frieden neue Bahn gebrochen.
Die Sachen freilich müssen leider wir
Zu nehmen wie sie sind, uns schon bequemen.
Ihn selber aber, Sohn, das rath' ich dir —
Ihn selber mußt du niemals tragisch nehmen!

Guter Rath.

In. Sie da, ich habe mich auf dem verdammten hohen Pferde ganz verritten, können Sie mir nicht sagen, wie ich wieder zurecht komme?

Ex. Dann dürfen Sie den eingeschlagenen Weg nicht verfolgen, sondern müssen sich mehr links halten, am besten ist's jedoch, Sie kehren und gehen über die „von der Heydt Brücke."

— Nr. 57 vom 14. Dezember. „Zeit-Glosse."

Die Schlußverse aus dem II. Theil von Goethe's Faust sind hier auf vier kleinere Bilder vertheilt, von denen wir untenstehend nur das zweite wiedergeben. Die zwei ersten Verszeilen:

„Alles Vergängliche
Ist nur ein Gleichniß",

beziehen sich auf den durch die griechische Revolution (24. Oktober 1862) seines Thrones beraubten König Otto; dann folgen die Verse unter dem Bismarck-Bild; das dritte Bild mit den Versen:

„Das Unbeschreibliche,
Hier ist es gethan",

zeigt den Kurfürsten von Hessen, auf der Verfassung von 1831 tanzend, und das letzte Bild zeigt die Kaiserin Eugenie mit den Versen:

„Das Ewigweibliche
Zieht uns hinan."

(— vom 28. Dezember.)

Herr von Bismarck meint, daß die Spaltung in Deutschland nur durch Eisen und Blut, Herr von Dalwigk dagegen, daß sie durch Eisen und Wasser geheilt werden könne. Als Sachverständiger neige ich mich, trotz der Verschiedenheit unserer politischen Parteistandpunkte, der Meinung des Herrn von Bismarck zu: Die deutsche Spaltung ist, wie jede andere, nur durch gehörige Keile — auszufüllen.

**Der Preußische Zimmermann,
der das Loch gelassen hat.**

Zeitglosse.

Das Unzulängliche,
Hier wird's Ereigniß.

1863.

Eine lange Reihe von Nummern dieses Jahrganges ist angefüllt mit den stärksten Angriffen gegen das Ministerium Bismarck und die ganze politische Situation. Die nächsten bildlichen Darstellungen des nunmehr „bestgehaßten" Ministers sind dagegen nur schwach. Auch die in Folge des polnischen Aufstandes mit Rußland geschlossene Konvention wurde ein Gegenstand der Angriffe in Wort und Bild (Nr. 10, vom 1. März „Aus der Realschule".)

Aus den vielen im Texte des Blattes befindlichen Angriffen gegen die Politik Bismarck's, deren Ziele noch Niemand erkannte und zu würdigen vermochte, geben wir in Nachstehendem nur das für die Situation bezeichnendste wieder:

Vanitas! Diplomatum vanitas!

Ich hab' mein' Sach' auf Nichts gestellt,
Juchhe!
Drum ist so wohl mir in der Welt!
Juchhe!
Und wer als ächter Diplomat
Großmächtig lenken will den Staat,
Der folge meinem Rath.

Ich stellt' mein' Sach' ganz wohlgemuth,
Juchhe!
Zuerst auf Eisen und auf Blut!
O weh!
Allein das Eisen war nicht scharf,
Das Blut man nicht vergießen darf,
Weshalb ich's bald verwarf.

Drauf stellt' mein' Sach' ich sans façon,
Juchhe!
Auf ein Oelblatt aus Avignon; *
O weh!
Die Judenpresse, frech und spitz,
Nannt' es 'nen abgelegten Witz
Herrn Elihu Burrits.

Ich stellt' mein' Sach' auf kühnes Drohn,
Juchhe!
Mit einer großen Action;
O weh!
Doch außen rings Opposition,
Und innen Streit und Confusion —
Das stört die Action.

Ich stellt' mein' Sach' auf Cassels Trutz,
Juchhe!
Auf fremden Volksrechts biedern Schutz;
O weh!
Doch kaum war mein Feldjäger dort,
War Herr von Schmerling schon am Ort,
Und — man gab nach sofort.

Ich stellt' mein' Sach' auf Dänemark,
Juchhe!
Im Bund mit Oestreich fest und stark;
O weh!
Doch Würzburgs Delegirtenstrauß
Drängt mich am End' zum Bund hinaus,
Dann ist's auch damit aus!

Ich hätt' aus alten Sympathie'n,
Juchhe!
Ganz gern mein' Sach' gestellt auf — IHN;
O weh!
Doch soll ein schlimmer Freund ER sein!
Ich fürcht', ER stellt mir gar ein Bein —
Dem Reinen ist Alles — Rhein!

Ich stellt' mein' Sach' am liebsten schon,
Juchhe!
Auf Kammer und Constitution;
O weh!
Doch wenn die Letzte „Lücken" hat,
Und wenn die Erste Tücken hat,
Dann kriegt man Beide satt.

Drum hab' mein' Sach' ich ganz und gar,
Juchhe!
Auf Nichts gestellt im neuen Jahr;
Juchhe!
Noch vierzehn Tage wird's schon gehn,
Dann muß von selber was geschehn,
Dann — werden wir weiter sehn!

* Bismarck hatte bei seinem ersten Erscheinen in der Budget-Kommission (September 1862) thatsächlich einen Olivenzweig aus Avignon mitgebracht, um denselben „der Volkspartei" als Friedenszeichen anzubieten, und fügte sogleich hinzu: „Ich sehe jedoch, daß es noch nicht Zeit dazu ist."

— Nr. 13, vom 22. März.

Poetisch-botanische Excursion.

Der Ministerpräsident v. Bismarck hat in diesen Tagen von seinen Freunden in allen Provinzen von Koblenz aus einen Ehrensäbel erhalten, der überaus prachtvoll und kostbar ist. Die Klinge enthält die Devise der Familie Bismarck „Das Wegekraut sollt stehen la–n; hüt' Dich Junge, 's sind Nesseln dran!" Ferner sind auf derselben die Worte eingravirt: „Viel Feind', Viel Ehr'."

Von allen Blümlein, so da stehn
In Garten, Feld und Haide,
Darfst du dir viele ausersehn
Zu Schmuck und Augenweide;
Vor einem nur laß warnen dich,
Gar schmucklos von Erscheinung:
Es ist der frische Wegerich,
Die öffentliche Meinung.
„Das Wegekraut sollt stehen la'n;
Hüt' dich, Junge, 's sind Nesseln dran!"

Die Münze und den Hagedorn,
Märzbecher, Anemone,
Und Eisenhut und Rittersporn,
Blutweidrich, Kaiserkrone,
Die brich, und was du sonst gebaut
Auf deinen Düngerbeeten;
Die Wahrheit nur, dies Wegekraut,
Die sollst du nicht zertreten.
„Das Wegekraut sollt stehen la'n;
Hüt' dich, Junge, 's sind Nesseln dran!"

Es ist von zäher Lebenskraft
Und nimmer auszurotten;
Es wird mit frischer Wurzeln Saft
Stets des Verderbers spotten,
Das Wegekraut, es pflanzt sich fort
Trotz Winterfrost und Nässe,
Und brichst du's hier, so blüht es dort —
Es ist die freie Presse!
„Das Wegekraut sollt stehen la'n;
Hüt' dich, Junge, 's sind Nesseln dran!"

Gieb Mühe dir, zu rechter Zeit
Dies Kräutlein zu erkennen,
Sonst wird zu deiner Finger Leid
Die Nessel dich verbrennen.
Und so du je ein Lüst'chen hast,
Das freie Wort zu brechen,
So wird, darauf sei stets gefaßt,
Auch Kladderadatsch dich stechen!
„Das Wegekraut sollt stehen la'n;
Hüt' dich, Junge, 's sind Nesseln dran!"

— —

— Nr. 13, vom 22. März. Während das nämliche Blatt das vorstehende Gedicht brachte, fühlte es sich doch veranlaßt, wegen der mancherlei Bedrohungen, in der Schärfe der Angriffe etwas zurückhaltender zu sein. In der vorausgehenden Nummer konnte das Blatt nur mit einem polizeilich geschwärzten Bilde ausgegeben werden. Die in Folge dessen gebotene Mäßigung ist in dem nebenstehenden Bilde dieser Nr.: „Vorsicht ist die Mutter der Weisheit" allegorisch begründet. Als Mondschein figurirt hier an dem dunkeln Himmel die Glatze des Ministers, aber noch ohne die später typisch gewordenen drei Haare. Kladderadatsch mit seinen beiden Getreuen Müller und Schultze kämpft in seinem kleinen Fahrzeug gegen die hoch aufschäumenden Wogen, zwischen den drohenden Felsenufern — den Preßprozessen und Confiskationen — vorsichtig lavirend.

Vorsicht ist die Mutter der Weisheit.

Gegen Fluth und Wetter ist schwer anzukämpfen, zumal bei dem Mondschein! Darum einstweilen geschickt lavirt! Es wird doch bald wieder hell!

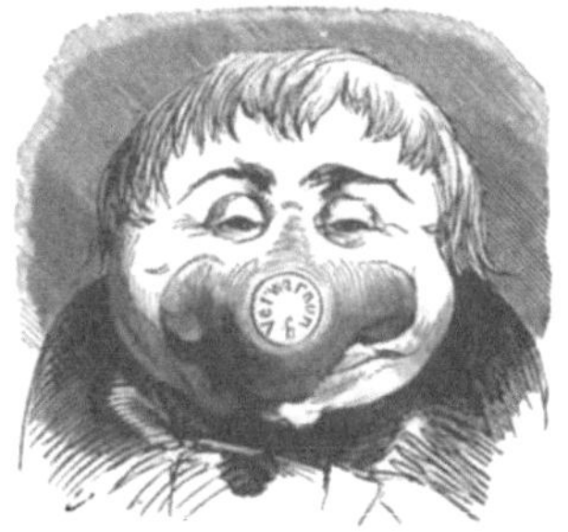

— Zu Nr. 18 vom 19. April:

Nur genial.

Ich bin ein Genie vom Fuß bis zur Glatze —
Für Lumpe nur ziemet Bescheidenheit —
Ich frage den Teufel nach Kammergeschwatze
Und weniger noch nach dem Geist der Zeit.
Was Zeit! Was Geist! Philosophische Wendung,
Schulweisheit, abstrakte Begriffe zumal!
Ich trotze dem Geist kraft höherer Sendung —
Das ist zwar gewagt, aber 's ist genial.

Die Meinung des Volks! — Erbärmliche Phrase!
Wer macht sie? Wo wird sie in Wahrheit laut?
Zujauchzte noch stets das Volk mit Ekstase
Dem Muthigen, der sich selbst vertraut.
Die Presse, regiert vom Geist der Verneinung,
Dem Schwächling ist sie allein fatal;
Ich spotte der „publizistischen Meinung" —
Das ist etwas kühn, aber 's ist genial.

Des Handels Int'resse! — Was wissen die Jobber
Von großer Actionen Genius?
Und was verstehn sie vom Staate, ob er
Anschließen sich oder absperren muß?
Sie müssen den höhern Int'ressen weichen,
Und sollte ich aus der Städte Zahl
Ich weiß nicht wie viele Namen streichen! —
Das klingt etwas hart, aber 's ist genial.

Die Stimme des Auslands! — Frech Begehren.
Man weiß, wer in Frankreich die Federn treibt.
Was soll ich um das mich quälen und scheeren,
Was Hinz und Kunz in London schreibt?
Doch wird mir's zu arg, dann zur Erhellung
Des Auslandes laß ich in einem Journal
Mich manchmal preisen — auf Bestellung —
Das ist billig zwar, aber 's ist genial.

Gefahr des Krieges! — Philister-Kummer!
Woher? Weshalb? Wofür und wann?
Soll Schweden stören meinen Schlummer?
Und was, was geht mich Schleswig an?
Mag Habsburg, mögen sich die Welfen
Verbrüh'n die Finger doch einmal,
Und Jeder möge sich selber helfen!
's ist traurig zwar, aber 's ist genial.

Ich habe auf Größeres jetzt zu sinnen:
Wie man die Karte revidirt
Und — glückt es nur, sie zu gewinnen —
Die Polen und Russen germanisirt.
Ich will — was ist groß zu riskiren? —
Die Völker vom Po bis zum Kanal
Und auch den Sultan germanisiren!
Das klingt komisch zwar, aber 's ist genial!

Aus der Kammer.

„Bei der bekannten Haltung des Ministeriums den Kammern gegenüber ist an eine Ausgleichung der schwebenden Differenzen schwerlich zu denken."
(Vossische Zeitung vom 10. April.)

Für diesen Fall würden Wir Sie garnicht — — — —

Wir würden Sie am allerwenigsten — — — —

Wir denken garnicht daran, Sie zu — — — —

Wir würden allerdings ohne Sie — — —

Wir würden Sie nicht erst — — — —

Wir — — — Sie — — — —

Die obigen 6 Bilder (Nr. 20 vom 3. Mai) „Aus der Kammer" zeigen Bismarcks Verachtung der Kammer-Opposition. Aus der als Motto darüber gesetzten Bemerkung der Vossischen Zeitung bilden die Worte von „der bekannten Haltung des Ministeriums" das Leitmotiv.

Während der folgenden Ruhepause nach den heftigen Scenen mit der Volksvertretung ist nichts auf unsern Gegenstand Bezügliches mitzutheilen. Bis zum Jahresschlusse bieten den Stoff: Hessen-Kassel, Mexiko, Amerika (der Krieg), Schleswig-Holstein und das Londoner Protokoll, Polen. Auch der von Bismarck nach Kassel geschickte „Feldjäger" taucht noch zuweilen auf. Gegen Ende des Jahres, nach dem Tode des Königs von Dänemark, beginnt die deutsche Bewegung für Schleswig-Holstein.

1864.

Nachdem am Schlusse des Jahres 1863 Holstein durch die Bundestruppen besetzt worden war, übernahmen Preußen und Oesterreich im Einverständniß gemeinsam die Aktion. In Folge der Weigerung Dänemarks, das dänisch-schleswigsche Grundgesetz von 1863 wieder aufzuheben, rückte am 1. Februar eine österreichisch-preußische Armee unter dem Oberbefehl Wrangel's in Holstein ein. — Das Londoner Protokoll war damit zerrissen. — Am 6. Februar nahm die dänische Armee ihren Rückzug nach Düppel.

— In der Doppelnummer 14 und 15 vom 27. März zeigt das gegenüberstehende große Bild „Am Kreuzwege“, wie die Lenker der österreichischen und preußischen Politik, Graf v. Rechberg und Herr v. Bismarck, vorläufig auf zwei Lokomotiven nebeneinander fahren. Die Lokomotiven tragen am Schornstein die Namen der beiden Heerführer Gablenz und Wrangel. Graf Rechberg deutet mit seiner an Bismarck gerichteten Aeußerung bereits an, daß sie demnächst entweder zusammenstoßen werden oder nach verschiedenen Richtungen hin sich trennen müssen. In der Perspektive der Bahnlinien sind die verschiedenen Ziele der Politik in der Schleswig-Holsteinschen Frage durch Schilder angedeutet.

Eine längere Reihe von Nummern des Blattes ist mit der Schleswig-Holsteinschen Frage angefüllt. In Gedichten wie in Bildern wird die Politik des Bundestags wie des Herrn v. Beust verspottet. Die schärfsten Angriffe sind gegen das Verhalten John Bull's wie gegen die Londoner Conferenzen gerichtet. Von Angriffen gegen Bismarck hatte das Blatt seit der eingetretenen Aktion nichts gebracht, und seine Persönlichkeit bleibt für längere Zeit im Hintergrund, bis zum Ende des Monats Juli, da die Frage der Losreißung der Herzogthümer wie auch das Verhältniß zwischen Preußen und Oesterreich in Bildern dargestellt wird.

Blaubuch

das ist: Sammlung kleiner vertraulicher Mittheilungen und Gespräche von großer Wichtigkeit zwischen englischen und deutschen Staatsmännern.

Gespräche über die diplomatische Tragweite preußischer Hohlgeschosse nach Sonderburg.

Am Kreuzwege.

Conducteur Rechberger. Achtung, Kollege, daß wir nicht anseinander kommen! Jetzt kommen wir an eine gefährliche Stelle.

— In dem Bilde aus Nr. 35 „Im Lazareth“ ist die Nothwendigkeit der Trennung der Herzogthümer von Dänemark symbolisch dargestellt. Dem im Bette liegenden Kranken (König von Dänemark) wird von den beiden Aerzten Bismarck und Rechberg die Entscheidung verkündet.

Im Lazareth.

Kranker. Ach, meine Herren, wollen Sie mich denn wirklich amputiren?

Erster Arzt. Leider muß es sein! Hätten Sie meinen Rath vor sechs Monden befolgt, so wäre Ihnen die schmerzliche Operation erspart worden.

Zweiter Arzt. Ich bitt' Ihnen, halten's still!

Kranker. Können Sie die Operation nicht bis nach dem 1. August verschieben?

Zweiter Arzt. Das würde Ihren Zustand nur verschlimmern. Seien Sie also vernünftig, und lassen Sie uns die Sache zu Ende bringen. Wir retten dann wenigstens Ihr Leben.

— in Nr. 39 u. 40, vom 21. August, rauchen Bismarck und Rechberg in Wien die Friedenspfeife, während der König von Dänemark, Christian IX., genöthigt ist, ihnen den Tabaksbeutel darzureichen.

Wer den Schaden hat, darf für den Spott nicht sorgen.

In Wien wird bereits die Friedenspfeife gestopft.

Nach der Auflösung der Londoner Konferenzen und der Wiederaufnahme des Krieges (25. Juni), welcher bereits am 29. Juni die Einnahme von Alsen folgte, wurden am 1. August die Friedenspräliminarien festgestellt.

— Das nebenstehende Bild in Nr. 42 vom 11. September „Frei nach Uhland" zeigt uns die Erwartungen während der Wiener Konferenzen und die Eventualitäten des Friedensschlusses, welcher jedoch erst am 30. Oktober zu Wien erfolgte.

— Gedicht in Nr. 48, vom 16. Oktober.

Uebermäßig angestrengt und angespannt durch die fortgesetzten diplomatischen Verhandlungen und ihn allenthalben verfolgenden Anforderungen an seine Arbeitskraft suchte Bismarck im Herbste einige Erholung in dem französischen Seebad Biarritz, wo er am 7. Oktober eintraf.

Das nachfolgende schöne Gedicht giebt seiner behaglichen Stimmung den entsprechenden Ausdruck:

Biarritzer Elegien.

I.

Sei mir gegrüßt, atlantischer Flut aufschäumende Brandung,
Die du am Felsengestad donnerst und wühlst mit Gewalt;
Sei mir gegrüßt, mild athmender West, balsamischer Anhauch,
Kühlung fächle des Haupts spärlichem weichem Gelock!
Leid, ach! hat es gebleicht, und die wallende Zier des Adonis
Sank, ach! längst schon dahin unter der Scheere des Grams.
Jetzt, jetzt will von den Sorgen daheim und den Lasten des Amtes
Ich ausruhn und den Leib tauchen ins sonnige Meer.
Mögen daheim in geschäftiger Hast sich jagen die Andern;
Ich, entflohen dem Staub, lache der stäubenden Hast.
Lache des Aktenstaubs und des rastlos hämmernden Tretwerks,
Das aus dem Frühroths-Traum sonst mich zum Schaffen geweckt
Jetzt — Heil mir! — aus des Morpheus Arm nicht schellt mich der Bote,
Der in Geheimnißschrift bringt das geflügelte Wort.
Nicht durchzucket mein Haupt schmerzvoll der elektrische Funke,
Sei's von der Donau Strand, sei's von der Seine Gestad.
Nicht mehr harren der Tagesparol und des wechselnden Feldschrei's
Draußen im Vorgemach ängstlich der Presse Lakai'n.
Heil mir — denn ich verachte die Schaar kreatürlicher Schreiber —
(Gönnet der Kreatur, daß sie schmarotzend gedeih'). —
Nicht mehr stehn in der Thür bittstellernde Demuthgesichter,
Rückgratkrümmer, loyal zeigend den höheren Frack.
Denn ich durchschaue der Selbstsucht Werk und die Pläne der Schmeichler;
Aber der Räder bedarf, wer die Maschine gebaut.
Willenlos und gehorchend dem Wink und dem leitenden Finger —
Also füg' in dem Staat stumm sich dem Rade das Rad.
Heil mir, daß ich, erlöst von Kummer und ekelem Anblick,
Frei zu der Pyrenä'n Gipfel erhebe den Blick!
Pinienschatten, Kastanienlaub, unblutiger Lorbeer!
Und zum Frieden daheim beut mir Olive den Zweig!

II.

Blut und Eisen und Kammergezänk — o böse Erinn'rung!
Fort mit dem finstern Gewölk, das mir die Seele betrübt!
Fliehe, Gewölk, auf dem Fittig des Sturms, der eben erdonnert!
Reiche den Lethetrank, Tochter des Südens, mir dar!
Sprich, was schaust du mit zitterndem Blick hinaus auf die Fluten?
Warum lächelst du nicht? Rede biscayische Maid! —
Seht nur, o Herr — so erwiderte drauf die Tochter des Südens,
Und es erglänzte dabei heller der feurige Blick —
Seht, dort drüben, von Fluten umgähnt, vom Sturme geschüttelt,
Und von der Möw' umkreischt, seht nur das schwankende Schiff!
Seht, wie es kämpft, wie sich beuget der Mast, aufspritzen die Wogen!
Seht, wie die Segel zerzaust flattern im wüthigen Sturm!
Weh, wenn es treibt an Strand! In der Tiefe starren die Klippen,
Und nach der Beute schaut drunten begierig der Hai!
Weh, wenn nicht umlenkt der Pilot, wenn störrischen Sinnes
Er zu trotzen dem Sturm, ihn zu besiegen vermeint! —
Sprach's und bekreuzte sich dann und faltete betend die Hände;
Aber ich blickte erstaunt auf die biscayische Maid.
Hat mich das Mädchen erkannt? Ich vergaß des Trankes der Lethe;
Sinnend blickt' ich hinaus, stumm auf das schwankende Schiff.

— Bild in Nr. 52, vom 6. November: „Die Reise auf gemeinschaftliche Kosten (Titel eines alten einst beliebten Lustspiels). Graf Rechberg war von seinem Posten als Minister zurückgetreten und für ihn übernahm Ende Oktober Graf Mensdorff-Pouilly das Ministerium des Aeußern. Rechberg fühlte zu spät die dominirende Gewalt seines bisherigen Reisegenossen und wünschte glückliche Weiterreise.

Frei nach Uhland.

Nehmt euch in Acht, ihr Kleinen! Sonst kommen hier die Zwei
Und schneiden, aus purer Freundschaft, das Tafeltuch entzwei!

Die Reise auf gemeinschaftliche Kosten.

Rechberg (aussteigend). Nun, ich bin schon zu weit mit Ihnen gegangen und werde jetzt aussteigen. Hat mich sehr gefreut, leben Sie recht wohl. Wünsche auch ferner glückliche Reise und gute Gesellschaft!

Episode, den Kladderadatsch betreffend.

In diesem Jahre wurde die Redaktion des Kladderadatsch wegen eines Gedichtes auf die Fürstin Caroline von Reuß, ältere Linie, angeklagt und verurtheilt. Der Redakteur Ernst Dohm hatte deshalb im November eine fünfwöchentliche Gefängnißstrafe anzutreten. Das Blatt vom 20. November bringt darauf eine „Abschieds-Wehmuths-Ode“ nach Beethoven's Adelaide; die folgende Nummer enthält ein größeres Leitgedicht „Dem gefangenen Freunde“, und Nr. 56, vom 4. Dezember, bringt ein humoristisch-wehmuthsvolles Bild, auf welchem Dohm innerhalb eines Krinolinen-Gestells („Crino-caroline“) gefangen sitzt, betrauert von den umstehenden Kollegen des Blattes; darunter der „Gesang der Geister“ aus Goethe's Faust:

Drinnen gefangen ist einer!
Bleibet haußen, folg' ihm keiner!
Könnt ihr ihm nützen,
Laßt ihn nicht sitzen!
Denn er that uns Allen
Schon viel zu Gefallen.

Das rührende Bild hatte zur Folge, daß dem Gefangenen auf Veranlassung Bismarcks ein Rest der Strafe erlassen wurde. Derselbe machte dem Redakteur Dohm in dem im Anhange IV mitgetheilten Schreiben eigenhändig davon Anzeige.

1865.

Die Wiedereröffnung des Landtages am 14. Januar geschah persönlich durch König Wilhelm. In der Thronrede wurde ausgesprochen, daß der Krieg gegen Dänemark, Dank der jetzigen Organisation des Heeres, geführt werden konnte, ohne die Erwerbs- und Familienverhältnisse der Bevölkerung durch Aufbietung der Landwehr zu beeinträchtigen. „Soll aber Preußen seine Selbstständigkeit und die ihm unter den europäischen Staaten gebührende Machtstellung behaupten, so muß seine Regierung eine feste und starke sein und kann sie das Einverständniß mit der Landesvertretung nicht anders, als unter Aufrechterhaltung der Heereseinrichtungen erstreben.“

Da trotz dieser in der Thronrede bestimmt gegebenen Erklärung und trotz des so glücklich geführten Krieges die Mehrheit des Abgeordnetenhauses auf ihrem frühern Standpunkt verharrte, so hatte Bismarck mit dem „Conflict“ weiter zu kämpfen.

— Nr. 13, vom 19. März.

Die Situation wird ernster, als der Commissionsbericht über das Militär-Budget dem Hause vorgelegt wird. Das nebenstehende Bild „Die verhängnisvolle Begegnung“ bereitet auf den neuen Zusammenstoß vor, indem Präsident Grabow und Bismarck auf einem schmalen und gefährlichen Felsenpfad der „Via mala“ sich begegnen.

Die verhängnißvolle Begegnung.

Die Entscheidung naht!

In den ersten Monaten dieses Jahres bildet noch das geflügelte (nicht Bismarck'sche) Wort vom „innern Düppel" – d. h. der Bewältigung des innern Widerstandes — in fast allen Nummern dieser Monate das Thema.

Erst in Nr. 32, vom 9. Juli, erscheint Bismarck wieder auf einem bedeutenderen Bilde, welches ihn als den Aufsehen erregenden Seilgänger Blondin darstellt. Wie der Amerikaner auf dem Seile über den Niagara geschritten war, so sehen wir auf dem nebenstehenden Bilde Bismarck als einen zweiten Blondin „auf dem längsten bisher bekannten Seile" schreiten, indem er mit dem „Conflikt" auf dem Rücken bereits aus dem Jahre 1865 in das nächste Jahr 1866 zu gelangen sucht.

Auf diesem Bilde sind auf dem Kopfe Bismarcks die typisch gewordenen drei Haare zum ersten Male in ihrer Isolirtheit energisch hervorgehoben.

Am 23. Juli 1865 feierte der Kladderadatsch das Erscheinen seiner tausendsten Nummer durch ein besonderes Festkleid des Blattes. Er hatte darin u. A. in humoristischer Weise Mittheilungen aus dem Jahre 1890 gebracht, wobei ihn aber sein Blick in die Zukunft doch sehr getäuscht hatte, denn da ist — aus d. J. 1890 — noch vom „Bundestag" die Rede.

Am 14. August wurde der Gasteiner Vertrag unterzeichnet, wonach, unbeschadet der Rechte beider Großmächte auf beide Herzogthümer, die Regierung Schleswigs an Preußen, die Holsteins an Oesterreich überlassen wurde. Gegen Zahlung von $2^1/_2$ Millionen dänischer Thaler wurde das Herzogthum Lauenburg an den König von Preußen abgetreten.

Mr. Haynes' Vorstellungen auf dem Eise.

Graf Eulenburg: Meine Herren Abgeordneten, warum kommen Sie denn nicht herüber? Es ist ja hier viel angenehmer; auch habe ich Ihnen bereits das Brett zurecht gelegt.

Der Held vom Niagara.

Derselbe wird auf dem längsten bisher bekannten Seile Einen hinübertragen, der viel schwerer ist, als er selbst.

Das bekannte Vergnügungs-Comité.

Die vorsichtige Politik Bismarcks in dieser ganzen Frage, wie speziell die Erwerbung Lauenburgs durch die an Oesterreich zu zahlende Geldentschädigung, gab wieder Anlaß zum Spotte, wie auch zu Angriffen in der Kammer.

— Nr. 42, vom 10. September, bringt das darauf bezügliche Bild, Bismarck als Triumphator auf dem Siegeswagen des Brandenburger Thores dargestellt. Der Text der vorigen Nummer (41) enthält einen langen Brief Zwickauers an seinen Geschäftsfreund Meier in Lauenburg, worin es u. A. heißt: „Oesterreich hat den Unterthan zu neunzöhn Thaler geröchnet, macht ün Summa Summarum zwey Müllüonen für 105 000 Lauenburger, woben das Künd im Mutterleibe nücht geschont ist."

Dieselbe Nummer, welche das nebenstehende Bild bringt, enthält auch den nachfolgenden darauf bezüglichen

Loyalitäts-Hymnus

(In neupreußisch-rundschauerlichem Stil).

Auf, bringt mir den loyalen Frack,
Den schwarzen Schmuck der Lende,
Die Stiefel auch mit Frankreichs Lack
Und weiße Schuh' der Hände,
Daß ich den Sieger von Gastein
Empfang' mit Sang und Ehren.
Er naht! Es glänzt im Vollmondschein
Des Ruhms das Haupt des Hehren.

Er ist der ächte Fortschrittsmann,
Ein wahrer Fortschrittsrenner —
Ihr Demokraten seid fortan
Verpehmt als Rückschrittsmänner.
Mit seines Auges klarem Blick,
Mit seines Geistes Blitze
Lenkt er — hurrah! — die Politik
Im Geist des alten Fritze.

Hurrah! Nun windet Kränze schnell
Von Lorbeer, Ros' und Malve,
Und ruft dem Triumphator hell
Aus treuen Herzen: Salve!
Aus Eichen sei mit rascher Hand
Ein Siegesthor geschlagen!
Graf Mensdorff zieht, ins Joch gespannt,
Den goldnen Siegeswagen.

Er naht! Schon rasseln durch die Stadt
Der Biga Eisenräder!
Er ist's, der uns erobert hat
Ein Land — durch seine Feder.
Von Jütland bis zu Rostocks Stier
Wird unsre Macht bald strahlen.
Was uns noch fehlt, das — kaufen wir,
Wir können's ja bezahlen.

Im Geiste seh' ich Waldecks Knie
Und Virchow's scheu sich beugen,
Den Chorus der Demokratie
Von seinen Wundern zeugen.
Jacoby, Schulze, Twesten, Gneist
Flehn in moral'schem Kater,
Bewältigt von des Starken Geist:
Verzeih! Peccavi pater!

Im Geist seh' ich sein Bildniß schon
Genüber jenem Ritter,
Der mit dem Stiefel der Kanon'
Steht hinterm Eisengitter.
Das Wegekraut im Wappenschild
Prangt dann in den Symbolen,
Den Schlüssel, so du's schauen willt,
Mußt von der Wache holen!

Frei nach der Victoria auf dem Brandenburger Thor in Berlin.

Einer auf seinem Eroberungszuge durch den Norden Deutschlands bis an die Main-Linie.

Schon in dieser Zeit hatte Bismarck mehrere anonyme Zuschriften erhalten, welche Drohungen gegen sein Leben enthielten. Die Norddeutsche Allgemeine Zeitung hatte darüber Mittheilungen gemacht, welche jedoch vielfach mit Zweifeln aufgenommen wurden.

Nr. 43, vom 17. September, brachte eine Ballade „Rudolph vom eisernen Bunde", worin die Mordanschläge (der wirkliche Mordversuch durch Karl Blind erfolgte erst im nächsten Jahre) in das Gewand schauerlicher Romantik gekleidet und parodirt wurden.

Was rauscht in den Wipfeln rings umher?
Was krächzen die Dohlen und Raben?
Was flüstern so geheimnißschwer
Die Wellen im grünen Graben?
Was huscht durch die Föhren der Hasenhaid
In mitternächtiger Stunde?
Er ist's — in stählernem Ritterkleid,
Rudolph vom eisernen Bunde!

Sein Sinnen ist Mord, sein Schritt ist Tod —
Wie funkelt sein Aug' so helle!
Wie ist vom Ministerblut so roth
Dein Arm, du wüster Geselle!
Sechsläufig sprüht sein Blick im Kreis;
Mit wuthgefletschtem Munde
Schwingt er den Dolch, von Mordlust heiß,
Rudolph vom eisernen Bunde!

Seht, hinter Wolken schreckenblaß
Der fromme Mond begibt sich;
Denn Rudolph schleicht zur Wilhelmstraß'
Nach Nummer Vierundsiebzig.
Er schellt und der Portier erwacht
Angstvoll im Kellergrunde:
„Wer klopft denn hier in später Nacht?" —
„„Rudolph vom eisernen Bunde!""

Durchs Fenster streckt er seine Faust
Und rasselt mit den Krallen.
Dem armen Mann da unten graust —
Er hört die Worte schallen:
„Herrn Bismarck bringt dies Schreiben hier
Des nahen Todes Kunde!
Gib's ihm mit einem Gruß von mir,
Rudolph vom eisernen Bunde!"

Und fort huscht das Gespenst in Hast,
Von Schwefeldunst getragen.
Entsetzen den Portier erfaßt,
Er eilt empor mit Zagen:
„Herr — dieser Brief — ein Mordgesell —
Entsandt vom Höllenschlunde
Des Wühlerpacks — o leset schnell —
Rudolph vom eisernen Bunde!"

„„Noch vierzehn Tage hast du Frist,
Du Gierigster von Allen;
Wenn Friedrich dann nicht Herzog ist,
So ist dein Haupt verfallen!
Verfallen wie jedwedes Haupt
In deutscher Fürstenrunde,
Das nicht an meine Allmacht glaubt —
Rudolph vom eisernen Bunde!

Ja, Dolch, Revolver, wuthbeseelt,
Und Gift sei dir geschworen,
Bis unser Friedrich ungedeelt
Zum Herzog ist erkoren;
Bis er die Länder ungetrennt
Beherrscht bis hin zum Sunde,
So wahr als ich — der Präsident
Rudolph vom eisernen Bunde!""*

Herr Bismarck wird nicht roth noch blaß
Ob diesem Mordpapiere:
„Trag diesen Brief zu August Braß,*
Daß er drob räsonnire!" —
Und dabei lächelt er diplomat'sch
Und spricht mit spöttischem Munde:
„Das ist so was für — Kladderadatsch:
Rudolph vom eisernen Bunde!"

* Der damalige Redakteur der Nordd. Allg. Ztg.

— Auf dem nebenstehenden Bilde in Nr. 44 und 45, vom 14. September, ist ein wachsendes Verständniß für seine Bedeutung zu erkennen, indem der Schattenseite, dem fortbestehenden „Conflict", wenigstens die Lichtseite — das Resultat seiner auswärtigen Politik — gegenübergestellt ist.

Am 16. September wurde der Ministerpräsident v. Bismarck in den Grafenstand erhoben.

Verschiedene Ansichten von links und rechts.

Heißt es: Wo Schatten ist, kann auch Licht sein —
oder: Wo Licht ist, muß auch Schatten sein?

— Im Oktober 1865 hatte sich Bismarck wieder nach Biarritz begeben, wo er die vielbesprochene Unterredung mit L. Napoleon hatte.

Das untenstehende Bild in Nr. 49, vom 22. Oktober: „Diplomatisches Frühstück in Biarritz“ kennzeichnet in der Verhandlung über Holstein und den Rhein bereits die Ueberlegenheit Bismarck's. Die Sylvester-Nummer dieses Jahres schließt mit einem großen Bilde, auf welchem Kladderadatsch seine verschiedenen Glückwünsche fürs neue Jahr austheilt. Unter den Neujahrsbildern befindet sich auch ein Portrait Bismarck's mit der bemerkenswerthen Unterschrift: „Laß Dir auch anno 66 keine grauen Haare wachsen.“

Diplomatisches Frühstück in Biarritz.

ER. Nun, so nehmen Sie die Austern allein, und geben Sie mir dafür den Wein!
Der Andere. Bitte tausendmal um Entschuldigung; aber der gehört ja gerade zu den Austern.

1866.

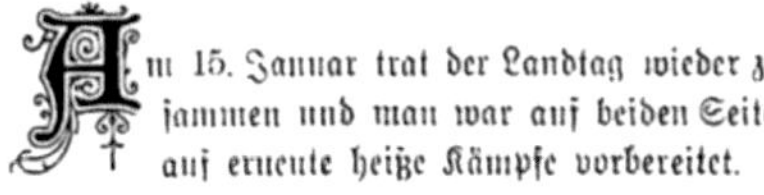

Am 15. Januar trat der Landtag wieder zusammen und man war auf beiden Seiten auf erneute heiße Kämpfe vorbereitet.

— In Nr. 4, vom 28. Januar, deutet das Bild „Cirkus Renz" auf die unvermeidliche Erneuerung des Conflikts wegen der Militärfrage und des Budgets an.

Circus Renz.

Das Blumenpferd „Politique", in Freiheit vorgeführt von dem Director der Gesellschaft, wird sämmtliche in das Fach einschlagende höhere Gangarten durchmachen und sich so zierlich drehen und winden, daß es keines der aufgestellten Hindernisse berührt.

Am 3. Februar brachte der Abg. Virchow eine Resolution ein des Inhalts: daß die Vereinigung Lauenburgs mit Preußen rechtsungültig sei, weil nach der Verfassung der König ohne Zustimmung des Landtages nicht Herrscher fremder Reiche sein dürfe. Graf Bismarck erwiderte darauf in zweimaliger Rede; er setzte dabei auseinander, daß Lauenburg nicht als ein fremdes Reich zu betrachten sei und es könnte unter demselben Gesichtspunkte die Rechtsgültigkeit des ganzen Gasteiner Vertrags bestritten werden. Beiläufig führte Bismarck gegen die Auffassung des Begriffes „Reich" an, daß Schlegel als Uebersetzer Shakespeare's und als „genauer Kenner und vorsichtiger Benutzer der einzelnen Worte", im 3. Theil Heinrichs VI. in dem Gespräche zwischen den Brüdern Edward und Richard die Begriffe Reich und Herzogthum scharf von einander unterschieden habe.

In der erwähnten Sitzung wurde trotz Bismarck's eingehenden Auseinandersetzungen der Antrag der Kommission: die Vereinigung Lauenburgs mit der Krone Preußen für rechtsungültig zu erklären, mit 251 gegen 44 Stimmen angenommen.

— In Nr. 5, vom 4. Februar, kündet das folgende Bild „Französisch-Oesterreichische Entente cordiale" bereits den bevorstehenden Bruch mit Oesterreich an und weist auf die gegen Preußen gerichtete Mißgunst Frankreichs hin, wodurch Oesterreich und Frankreich zu einem gegen Preußen gerichteten Einverständniß gelangen

Französisch-Oesterreichische Entente cordiale.

Diese geheimnißvolle Angelegenheit soll so stehen: So wie Preußen zugreift, schlagen Frankreich und Oesterreich ein.

Während Graf Bismarck bereits seit dem Januar in seinem diplomatischen Schriftenwechsel mit dem Grafen Mensdorff in Wien durch das Verhalten Oesterreichs einen Krieg für unvermeidlich betrachten mußte — wollte nicht Preußen alles Errungene wieder aufgeben — hatten in Berlin die Volksvertreter weder Kenntniß von der politischen Situation, noch wäre man überhaupt geneigt gewesen, in diesem Kampfe auf der Seite des Ministerpräsidenten zu stehen, um ihm seine Stellung zu befestigen.

Das Blatt vom 25. Februar enthält eine Reihe kleiner Aussprüche unter der Ueberschrift „Moderne Gedanken", worin es u. A. heißt: Ein guter Minister muß unpopulär sein.

Nach den Verhandlungen wegen Lauenburg und über die Resolution betreffs des § 84 der Verfassung wurde die Session Ende Februar geschlossen.

— Das Bild in Nr. 10, vom 4. März, „Neue französische Volksgucker", illustrirt die verschiedenen Aeußerungen, welche Bismarck über die Bedeutung von „Volk" und „Majorität" gethan. Er gebraucht hier den „neufranzösischen" Operngucker oder „Volksgucker", je nachdem er dem Volk und der Majorität eine Bedeutung beizulegen gesonnen ist, erst von der richtigen Seite, dann umgekehrt, so daß die Gegenstände verkleinert erscheinen.

Im Mai wurde die Auflösung des Abgeordnetenhauses verkündet. Jetzt fanden allenthalben im Lande öffentliche Kundgebungen in Volksversammlungen gegen den Krieg statt und von städtischen Behörden gingen Adressen in gleichem Sinne an König Wilhelm ab.

— Noch in Nr. 25, vom 3. Juni, zeigt das nebenstehende Doppelbild „Die Gelegenheit ist günstig" den heftigen Widerstand der Volksstimmung gegen Bismarck, dessen Rücktritt man als die einzige Lösung ansah. Indem der Text des Bildes das von ihm ausgesprochene Wort von seiner einstigen Popularität ironisirte zeigt ihm das Bild die Alternative, vor welcher er angelangt sei.

Neue Französische Volks-Gucker

für Staatsmänner in und außer Dienst und Solche, die es werden wollen.

Das „wahre Volk“ — ha! wie groß! Die „sogenannte Majorität“! — ah, ba!

Die Gelegenheit ist günstig,

entweder **groß** zu werden, und auf die Wünsche des Preußischen Volkes, oder —

der populärste Mann in Deutschland zu werden und auf dessen allgemeinen Wunsch — einzugehen!

Die nächsten Nummern des Bl. beschäftigen sich natürlich mit den kriegerischen Ereignissen und ihren außerordentlichen Folgen, aber Bismarck's Persönlichkeit findet bis Ende August keine bildliche Darstellung. Der ungeheure Umschlag in der ganzen Lage ist genügend gekennzeichnet, wenn wir das vorige Bild mit den beiden nachfolgenden vergleichen.

— In Nr. 39, vom 26. August, „Ein Mißverständniß", erscheint Bismarck als der energische deutsche Mann, der den schäbigen Handelsmann im Westen, welcher nachträglich einen Profit für sich herausschlagen möchte, einfach von der Thüre weist!

Nach Wiedereröffnung des Landtages am 5. August wurde in der Thronrede des Königs das der Landesvertretung nach § 99 zustehende Recht ausdrücklich anerkannt und demselben die Vorlage angekündigt, durch welche die Regierung das Haus um die nachträgliche Genehmigung (Indemnität) zum Etat ersuchen werde. Erst am 1. September wurde im Abgeordnetenhause die Indemnität angenommen (mit 230 Stimmen gegen 75), aber schon

— in der Doppelnummer 36 und 37, vom 12. August, brachte d. Blatt das nebenstehende Bild, welches sich von selbst erklärt.

— In Nr. 41, vom 9. Sept., nach der erfolgten Annahme der Indemnität, erschien das nachfolgende Gedicht:

Indemnität.

Der Freiheit Morgenröthe
Erhebt sich, lichtbeschwingt
Des Friedens Zauberflöte
Durch alle Gauen klingt.
Da stellen sich die Sänger
Zu muntern Friedensreih'n
Und auch der Vogelfänger,
Herr Papageno ein.
Zum Dönhofsplatze wallen
Sie Alle froh und dicht;
In diesen heil'gen Hallen
Kennt man die Rache nicht.

Die hundertköpf'ge Hyder
Der Zwietracht ist erlegt,
Sie streckt die kalten Glieder
Am Boden unbewegt.
Die Geier und die Greife,
Sie sind erstarrt zu Stein;
Des Vogelfängers Pfeife
Hat sie geschläfert ein.
Und mit Posaunenschallen
Löwe-Sarastro spricht:
In diesen heil'gen Hallen
Kennt man die Rache nicht.

Doch von dem grünen Tische
Erklingt das süße Wort:
Von deiner Stirne wische,
O Volk, die Falten fort!
Laß ab, dich zu versenken
In böser Tage Graus;
Lösch' deines Leids Gedenken
Und all dein Grollen aus.
Nach dem, was vorgefallen,
Führt Liebe mich zur Pflicht!
In diesen heilg'en Hallen
Kennt man die Rache nicht.

Wohl haben wir zwei Beide
Von Liebe nichts gewußt:
Was dir geschah zu Leide,
Geschah oft mir zur Lust.
Was du für dich erflehtest,
Behielt ich gern für mich;
Und wie du mich verschmähtest,
So auch verschmäht ich dich.
Fortan will ich vor Allen
Dich lieben als mein Licht!
In diesen heil'gen Hallen
Kennt man die Rache nicht.

Ja, Liebe ist mir nöthig,
Die sollst du traut mir weih'n.
Ich bin dafür erbötig,
Auch dir gerecht zu sein.
Vergiß, wenn ich dich schmerzte;
O schenk mir ohne Scheu
Die Liebe, die verscherzte,
Und schenk' mir deine Treu'.
Selbander laß uns wallen
Mit heitrem Angesicht!
In diesen heil'gen Hallen
Kennt man die Rache nicht.

Und seht! Von allen Bänken —
Wer sagt, wie das geschah? —
Welch fröhlich Tücherschwenken!
Welch jubelnd lautes: Ja!
Nur Fünfundsiebzig blieben
Da sitzen stumm und trist;
Sie wollen halt nicht lieben
Und jubeln nicht zur Frist,
Indeß der Freude Lallen
Das ganze Haus durchbricht:
In diesen heil'gen Hallen
Kennt man die Rache nicht.

Indemnität! Vergessen! —
O Wort, so brüderlich!
An ihre Herzen pressen
Die ält'sten Feinde sich:
Der Löwe und ein Junker,
Die liegen Arm in Arm,
Dem Wagner deckt Herr Duncker
Den Mund mit Küssen warm.
Man hört der Küsse Schallen
Bis hin zum Stadtgericht!
In diesen heil'gen Hallen
Kennt man die Rache nicht.

Indemnität! Vergeben —
Vergessen — ach! wie lang'
Harrt manch verlornes Leben
Auf dieser Worte Klang!
Wann öffnet sich die Pforte
Dem, der in Nacht versenkt?
Dem freudenreichen Worte,
Das ihm die Freiheit schenkt? —
Horch! Horch! Die Riegel fallen
Und eine Stimme spricht:
In diesen heil'gen Hallen
Kennt man die Rache nicht!

Ein Mißverständniß.

— Ich wollte ihnen nur zu der schönen Erbschaft gratuliren und sehen, ob nicht eine Kleinigkeit für mich — . —
— Ach was! Hier wird nichts gegeben!

Bild ohne viele Worte.

Eine Liebe ist der anderen werth.

— Nr. 57, vom 16. December, zeigt uns ein Bild, wie Bismarck allein mit herkulischer Kraft den Triumphwagen zieht, während seine Ministercollegen (unter denen besonders der Kopf des in diesem Jahre wieder ins Ministerium getretenen v. d. Heydt kenntlich ist) sich nur an den Strang angehängt haben, indem sie so mitgezogen werden. Die darunter stehenden Worte des Ministers des Innern Grafen v. Eulenburg erklären das Weitere.

Parlamentarisches mit Illustrationen.

Und in diesem Sinne sind auch wir mit dem Grafen Bismarck einig, und haben mit ihm denselben Strang gezogen.

Graf Eulenburg.

1867.

Nr. 7, vom 11. März, enthält das Bild: „Der Sphinx-Kopf". Die Ansprüche Louis Napoleons auf Compensationen, weil Frankreich sich nicht in den Krieg zu Gunsten Oesterreichs eingemischt hatte, waren bekanntlich schon während des Krieges erhoben worden. Bismarck's Politik wußte Napoleon hinzuhalten, ohne ihm das Geringste zuzugestehen; er behandelte die Sache, wie er sich einmal ausdrückte, dilatorisch. Er wollte für jetzt einen neuen Krieg vermeiden, aber er wußte, daß bei der Eifersucht Frankreichs ein solcher nur eine Frage der Zeit sei. — Nach dem Muster des damals überall sich producirenden Taschenspielers Bellachini befragt hier Bismarck den geheimnißvollen Kopf.

— Nr. 14 und 15, vom 31. März: Das Bild „Deutsche Weide". Die Frage wegen des Großherzogthums Luxemburg, bis dahin ein Glied des deutschen Bundes, wird von Louis Napoleon als eine immer dringlichere behandelt. Bismarck als Schäfer, an der deutschen „Einigkeit" strickend, blickt abwartend zu Napoleon (hier eine der vollendetsten Caricaturen) hinüber. Der Text unter dem Bilde sagt das Weitere.

Der Sphinx-Kopf à la Bellachini.

Frage. Wie lang' wird uns der Friede weilen?
Antwort. Bis er MICH langweilt!

Frage. Wer wird den Grund zum Kriege finden?
Antwort. Nur wer mit Eifer sucht.

Deutsche Weide.

Ein guter Schäfer läßt kein Schaf verloren gehen.

Die „Luxemburger Frage" blieb auf der Tagesordnung und beschäftigte die Gemüther fortdauernd mit der Wahrscheinlichkeit eines Krieges zwischen Preußen und Frankreich. Die nächsten drei Bilder beziehen sich auf die gespannte Situation. Das erste, aus der Nummer vom 5. Mai, illustrirt die bekannte Redensart von dem Hecht im Karpfenteich. Hier sind es zwei Hechte, welche für die fortdauernde Bewegung sorgen. Obgleich in beiden der Fischkopf streng festgehalten ist, wirkt doch die Charakteristik der wirklichen Persönlichkeiten vollkommen anschaulich.

Allzuviel ist ungesund.

Einen Hecht im Karpfenteich muß man sich zuweilen gefallen lassen — aber **zwei**?!?!?

Auf der großen Ländermesse.

Markt-Polizist. Willst du wohl machen, daß du fortkommst Solche Geschäfte werden hier nicht geduldet. Du hast ja nicht einmal einen Hausirschein!

Fabula docet.

Wer allzuviel in seine Tasche steckt, muß darauf sehen, daß er kein Loch hinein bekommt.

Die „Luxemburger Frage" sollte in den Londoner Conferenzen, welche am 7. Mai begannen, friedlich beigelegt werden. Das unten folgende Bild zeigt die beiden Gegner wieder in anderer Thiermaske, und der Hahnenkampf ist durch die Ueberschrift „Westöstlicher Divan" nach dem Orient verlegt, während die zwischen beiden stehende Schranke „Conferenz" auf London hinweist.

Das Ergebniß der Londoner Conferenzen war: Das Großherzogthum Luxemburg bleibt mit dem Hause Nassau-Oranien verbunden, und zwar als ein von den europäischen Mächten garantirter neutraler Staat. Bismarck wollte aus der Frage keinen Kriegsfall werden lassen; er legte auf das Besatzungsrecht kein so großes Gewicht und war zunächst befriedigt, daß Luxemburg's Abtretung an Frankreich vereitelt wurde.

Kladderadatsch ließ aber durch die Unterschrift des Bildes erkennen, daß die Entscheidung zwischen beiden „Haupthähnen" nur „aufgeschoben" war.

Westöstlicher Divan.

Die Concurrenz zwischen den beiden Haupt-Hähnen ist bis auf Weiteres aufgeschoben (aufgehoben???)

Die Verfassung des Norddeutschen Bundes wurde im Abgeordnetenhause am 31. Mai, im Herrenhause am 23. Juni definitiv angenommen. Hiernach wurde durch königliches Patent verkündet, daß die Verfassung für den Norddeutschen Bund mit dem 1. Juli in Kraft trete. — Am 14. Juli wurde Graf Bismarck zum Bundeskanzler ernannt.

— Das nebenstehende Bild in Nr. 34, vom 28. Juli, zeigt das große Einigungsfaß der verbündeten Staaten, wie es durch die eisernen Bande (Wehrgesetz, Regulative u. s. w.) zusammengehalten wird, was durch die darunter stehenden Verse aus Schiller's „Glocke" dahin erläutert wird, daß der Trieb zum Vaterlande das „theuerste" der Bande ist.

— In Nr. 59 u. 60, vom 29. December, das Bild: „Die Verkleidungen unseres Hofmeisters", beschäftigt sich mit der reichen Garderobe Bismarcks, welche er in seinen verschiedenen Würden und Beschäftigungen braucht.

Solamen miserum, socios habuisse malorum.

„Heil'ge Ordnung, segensreiche
— — — — — — — — —
— — — — — — — —
Die das theuerste der Bande
Wob, den Trieb zum Vaterlande." Schiller.

„Die Verkleidungen unseres Hofmeisters."

1868.

Gleich die erste Nummer dieses Jahrganges — vom 5. Januar — zeigt in dem „modernen Januskopf" die Fortdauer des Verhältnisses zwischen Bismarck und Louis Napoleon und die davon abhängige Kriegsfrage.

Ueber die Art, wie Kladderadatsch im Text sowohl wie in den Zeichnungen den Charlatan auf dem französischen Thron vom Anbeginn bis zu seinem Sturze consequent behandelt hat, dürfen wir uns hier auf das Urtheil eines unserer hervorragendsten Schriftsteller berufen. In einem Artikel über Ernst Dohm in der Monatsschrift „Nord und Süd" 1879 hatte Paul Lindau geschrieben:

„Die Discreditirung Napoleons in Deutschland ist hauptsächlich das Werk des Kladderadatsch. Er ist der unerschrockenste und unerbittliche Vorkämpfer des deutsch-französischen Krieges gewesen. Nicht einen Augenblick hat er vergessen, wer der Mann war, der im December 1851 in Frankreich sein persönliches Regiment eingesetzt hatte. Auch zu einer Zeit, da von dem Glanze dieser blutigen Sonne selbst die schärfsten Augen geblendet wurden, da die Gewalt der vollendeten Thatsachen alles niederbeugte, da die zeitweilige Prosperität den dunkeln Ursprung völlig überwuchert hatte — auch da war es der Kladderadatsch, der immer wieder und immer wieder das deutsche Volk auf die Gefahren, die uns von jenseits des Rheins bedrohten, hinwies, der das Ansehen des mächtigen, gefürchteten und deswegen sogar allmählich geachteten Kaisers beständig erschütterte und diesen nur als eine verächtliche und lächerliche Caricatur hinstellte."

— Das Bild in Nr. 5, vom 2. Februar, „Die Tripelgänger" zeigt Bismarck in seinen drei Eigenschaften: als Ministerpräsident, als Bundeskanzler und als Minister von Lauenburg, welches Herzogthum bekanntlich erst 1876 ganz in Preußen einverleibt wurde, damals aber noch, als ein mit der Krone Preußen verbundenes Herzogthum, seine eigene Verfassung hatte. — Die humoristische bildliche Darstellung des dreifachen Bismarck ist durch den darunter stehenden Text genügend erläutert.

Der moderne Januskopf.

So lange seine beiden Gesichter nach rechts und nach links sehen, behalten wir Frieden. Wie aber, wenn sie, die sich nicht besehen können, sich zu besehen anfangen?

Die Tripelgänger.

Der Minister-Präsident überreicht dem Bundeskanzler eine Ausführung darüber, daß der Minister von Lauenburg auch einen Theil der Staatsschuld für die Provinz übernehmen müsse.

Der Bundeskanzler theilt dieses Schriftstück dem Minister von Lauenburg, zur Erörterung seiner etwaigen Bedenken dagegen, mit.

Der Minister von Lauenburg findet die Zumuthung des Preußischen Ministers doch etwas stark und übergiebt dem Bundeskanzler eine gründliche Auslassung über dieselbe.

Der Bundeskanzler bittet nun beide Herren zu sich, bringt ihnen die richtige Anschauung von der Sache bei und giebt seine definitive Entscheidung, worauf er die Herren höflich zur Thür hinaus complimentirt.

Die zwölf Arbeiten des Hercules.

(Culturhistorisches Tanzpoem.*)

(Nr. 7 vom 16. Februar.)

Erstes Bild.

Höhle bei Lernä.

Links die Eichenheimer Gasse. Rechts die Mainlinie. Die Lernäische Hydra liegt im süßen Sommerschlaf; traumhafte Melodien begleiten ihr Schnarchen. Germania, die am Fuße des Lagers schlummert, erwacht, entfernt sich ängstlich von der Hydra, andeutend, daß ihr Hauch giftig sei. Hercules will dem Drachen die Köpfe abmähen; aber Hessen-Darmstadt wächst immer wieder, und der Krebs Mecklenburg-Karkinos kneift ihn in die Fersen. Er entschließt sich daher zu dem großen

Waldbrand von Sadowa.

Die Köpfe der Hydra werden mit glühenden Baumstammen ausgebrannt, und das Thier wird von einem großen Felsen erschlagen.

Zweites Bild.

Fruchtbare Gegend am Meeresufer bei den Hyperboräern. Man hört den Gesang: „Schleswig-Holstein, meerumschlungen," von Schwänen gesungen, weshalb er nicht da capo verlangt werden kann, weil es ein Schwanengesang ist. Die Hirschkuh, auch Hindin der Artemisia genannt, erscheint mit goldenen Hörnern und ehernen Zänien. Hercules verfolgt sie vergebens; endlich lähmt er sie am linken Hinter-Düppel, holt sie ein und bringt sie zu Eurystheus.

Drittes Bild.

Grunewald am Fuße des Erymanthos. Die Hubertusjagd auf den Erymanthischen Eber soll stattfinden. Sämmtliche Centauren in rothen Jagdröcken sind versammelt. Hercules, der schon bei Gastein eine Menge Böcke geschossen, jagt den Eber in die Havel, ersäuft ihn und fängt ihn lebendig

Viertes Bild.

Oeffentliche Meinung am See Stymphalos in Arkadien. Catilinarische Existenzen in Gestalt von Vögeln mit ehernen (Stahl-) Federn, deren sie sich wie Pfeile bedienen, dringen auf Hercules ein und suchen ihn zu tödten. Er, gegen Druckerschwärze gefeit, verscheucht sie mit der Confiscations- und Preßprozeß-Klapper und macht sie lebensunfähig.

Fünftes Bild.

Große Halle in Kreta. Poseidon, aufgebracht auf Minos, hat von der großen Heerde der Liberalen einen wüthenden Stier nach Kreta geschickt, welcher Flammen aus der Nase bläst und das ganze Land in Unruhe versetzt. Hercules fängt ihn ein und zwingt ihn mit der Regierung zu gehen, welche ihn dann später wieder in die Marathonischen Gefilde laufen läßt.

Sechstes Bild.

Schloßgarten in Hietzing. Diomedes, König der Bistonen in Thracien, singt die Romanze: „Das war noch 'ne herrliche Zeit" — als er nämlich noch seine vier Rosse im Hofstall mit den Leibern der sein Land betretenden Fremden füttern konnte. Hercules stopft ihm die Welfenhofe mit sechzehn Millionen, so daß sie zerreißt und nicht bis an's Ende aller Dinge halten kann.

* In dieser Parodie der zwölf Arbeiten des mythischen Heros haben wir das erste der herakleischen Werke, die Erlegung des nemäischen Löwen, hier an den Schluß gesetzt, entsprechend der Reihenfolge der Begebenheiten, deren größte hier bereits prophetisch verkündet wird, indem das Ende Napoleon's III. hier durch Mexiko, Sadowa und Mentana (Garibaldi's Niederlage durch die Franzosen) als vorbereitet erscheint. Durch diese Versetzung des Bildes macht hier die Sprengung des Bundestags (Tödtung der lernäischen Hydra) den Anfang. Das vierte Bild, die Tödtung der Vogel-Ungeheuer Stymphaliden, welche hier mit „Stahlfedern" ausgerüstet sind, parodirt die Zeit der vielen Preßprozesse und Konfiscationen. Im siebenten Bilde ist die Fürstin Karoline wieder auferstanden, indem Reuß ält. Linie 1866 auf Seiten des Bundes gegen Preußen stand. Da die ganze Parodie als ein „Tanzpoem" (nach dem Muster von Heine's „Faust") bezeichnet ist, sind überall auch die Figuren des modernen (Berliner) Ballets mit hineingezogen, deren Namen hier füglich wegbleiben konnten. Auch einige sonst noch parodirte Persönlichkeiten konnen wohl der Erläuterung entbehren.

Siebentes Bild.

Schlafzimmer im Palast der Amazonenkönigin Hippolyta, auch unter dem nom de guerre Karoline von Reuß bekannt. Kobold Kladderadatsch erscheint und neckt die schlafende Amazone. Sie springt im reizenden Nachtgewande von ihrem Divan und will nach ihrem Wehrgehenk greifen, das sie von Ares empfangen. Da dringt Hercules in das Gemach, raubt das Wehrgehenk und erlegt Hippolyta, die stärkste Madame ihrer Zeit.

Achtes Bild.

Prachtvolle Zaubergrotte auf dem Eiland Erytheia im Ocean. Die Rinder des Geryonens weiden auf einer üppigen Trift alter Privilegien und landräthlicher Kreisordnungen. Hercules setzt ihnen den Stuhl vor die Thür und zwingt sie dadurch ihm zu folgen — wohin er will.

Neuntes Bild.

Die Gärten der Hesperiden. Im Hintergrunde die schöne Gebirgsgegend der Deutschen Spielbäder. Rechts und links die goldenen Aepfel auf grünen Tischen. Hercules zertrümmert die Spielbanken und bratet die Aepfel in dem Ofen — wohin er eine Gegner ihren Schwerpunkt zu verlegen zwingt.

Zehntes Bild.

Die Ställe des Augias. 3000 Minister, Gesandte, Diplomaten, Geheime Räthe und Fürstendiener sind seit undenklichen Zeiten in Elis nicht gereinigt worden. — Da erscheint Hercules im Hintergrund auf der Anhöhe des Kaukasos (Brühl'sche Terrasse in Dresden), wo Prometheus-Beust von seinem Papagei frei von der Leber gesprochen wird. Beust-Prometheus verspricht dem Hercules, ihm bei der Reinigung des Augiasstalles zu helfen, wenn er ihn von seinem Papagei befreie. Hercules tödtet den leberfressenden Papa-Geier, leitet den Fluß Alpheus, nach Andern Peneus, in den Augiasstall. Beust ergreift den Concordatsbesen, und das Bild schließt mit einem tollen **Cancan Saucis** sämmtlicher Mönche und Nonnen.

Elftes Bild.

Die Heraufführung des Cerberus auf die Oberwelt, oder: Die allgemeine Volkswahl. Große Schluß-Apotheose im Tempel zu Eleusis. Hades wird an die Luft gesetzt und eilt auf Bodelschwingen bei Tänaron in die Unterwelt zurück.

Zwölftes Bild.

Liebliche Landschaft um Nemea und Kleonä. Im Hintergrunde liegt der Nemeische Löwe eine Regalia rauchend und auf Verbesserung von Kugelspritzen sinnend.

Angstpolka,

gesanzt vom ganzen weiblichen Ballet.

Hercules erscheint und drückt vergebens seine Pfeile gegen den Löwen, Lion, Leo, Louis ab; seine Keule zerschmettert an dem Dickschädel des Thieres. Da eilen ihm die drei Genien, Mexico, Sadowa und Mentana zu Hilfe. Hercules erlegt mit ihnen den Löwen, zieht ihm sein undurchdringliches Fell ab und gebraucht dasselbe als Panzer, sich des Kopfes als Helm bedienend.

Großes Ensemble.

Im Hintergrund hebt sich der Boden, die Decoration öffnet sich, und in magischem Licht erscheint

die Göttin des Ruhms,

unter dem strahlenden Transparent: „Herculis laboribus".

Die beiden Bilder aus der Nummer vom 16. Februar tragen die gemeinsame Ueberschrift: „Bismarckiana“ und ironisiren den Conflict, in welchen der Ministerpräsident vorübergehend mit der conservativen Partei gerathen war. Es geschah dies in den Sitzungen des Abgeordnetenhauses am 4.–6. Februar, bei Gelegenheit der Berathung über die Vorlage des hannöverschen Provinzialfonds. Danach sollte eine Ueberweisung der Bestände bisheriger hannöverscher Fonds an die Provinzialstände Hannovers für bestimmte provinzielle Zwecke stattfinden. Aus den Kreisen der conservativen Partei wurde dagegen Widerspruch erhoben, weil man in diesem dabei geltend gemachten Prinzip der Decentralisation und Selbstverwaltung zugleich auch eine unmotivirte Begünstigung der neuen Landestheile zu Ungunsten der alten Provinzen sah. Bismarck widersprach hierbei den Ausführungen der conservativen Abgeordneten in scharfer Weise, und in dem dreitheiligen Bild werden einzeln seine Aussprüche in ironischer Weise illustrirt. Gegen den Abgeordneten v. Brauchitsch hatte Bismarck in der Sitzung vom 6. Februar u. A. geäußert:

„Der Herr Abg. hat ferner gesagt: die conservative Partei hätte diesem Ministerium viel geopfert. Ich bedaure, daß er dies nicht näher angegeben hat, denn ich wäre in der That neugierig zu hören, was sie denn geopfert hat .... Und hätte sie dem Ministerium ein Opfer gebracht, ... dafür zeigen wir Ihnen die weiten neuen Provinzen auf, dafür zeigen wir Ihnen das befestigte Königthum auf, wir zeigen Ihnen das vereinigte Deutschland auf, — wenn Sie danach mit uns abrechnen wollen, so werden Sie uns stark im Vortheil finden.“

Und ferner: „Wir kamen zur Regierung im Jahre 1862 .... Was trat dann ein, wenn wir nicht den Muth gehabt hätten, die Ministerstellen zu übernehmen, hier drei Jahre lang alleinstehend mit elf Conservativen verschmäht, verketzert, angefeindet auszuhalten?“

Zu dem zweiten (größern) Bilde, auf welchem Bismarck seine Hand auf die Schulter des liberalen Abg. Lasker legt, sind ebenfalls Worte aus den Reden des Ministerpräsidenten darunter gesetzt. Sie wurden gleichfalls am 6. Februar im Anschluß an die vorigen Worte gesprochen und lauteten genau: „Wir können hier das Staatsgebilde nicht vom Parteistandpunkt betrachten. Wollen wir konstitutionell regieren, so bedürfen wir einer Majorität; verweigern Sie (nach rechts) uns Ihre Stimmen, so müssen wir eine andere Majorität zu finden suchen, und finden wir sie nicht, was kommt dann heraus? Daß die Regierung genöthigt ist, sich auf mehrere verschiedene Parteien zu stützen, mit denen sie innerlich nicht so einig ist, wie sie es mit der conservativen zu sein glaubt ...“

Constitutionelle Ermahnung.

Ich sag' euch jetzt zum letzten Mal,
Was ich verlang' und will:
Wenn Ihr vermeiden wollt Scandal,
Gehorcht und fügt euch still!
Mein Wahlspruch heißt: Bieg oder brich!
Drum thut, um was ich bitt';
Denn wenn ihr anders wollt als ich,
Dann — spielt ihr nicht mehr mit!

Die conservative Partei will sich dem Grafen Bismarck gegenüber passiv verhalten. Wenn nur nicht bald die Passiva die Activa übersteigen. Sonst steht der Bankerott vor der Thür.

Bismarckiana.

Sitzung des Abgeordneten-Hauses vom 6. Februar.

„Wir haben den Muth gehabt hier mit elf Conservativen drei Jahre lang zu stehen."

„Was hat denn die conservative Partei diesem Ministerium geopfert, und was aufgegeben?"

„Wir können dagegen vieles aufzeigen. Wenn Sie da mit uns abrechnen wollen, wir sind in einem starken Credit."

„Wollen wir constitutionell regieren, so bedürfen wir einer Majorität. Verweigern Sie sie uns, so ist die Regierung genöthigt, sich auf andere Parteien zu stützen, mit denen sie innerlich nicht so consolidirt ist."

— Zu dem Bilde in Nr. 29, 30, vom 28. Juni, „Nur nicht ängstlich!“ &c. Schon seit dem Beginn der Sitzungen des deutschen Zollparlamentes, welches im April und Mai 1868 in Berlin versammelt war, brachte das Blatt mehrere Gedichte, in welchen auch die allzugroße Aengstlichkeit verspottet wurde, mit der man die nahe Zukunftsfrage der deutschen Einheit umging. Als ein Württembergischer Abgeordneter sogar vor solchen außerhalb der Grenze des Zollvereins liegenden Dingen warnte und andeutete, daß Frankreich daraus eine Gelegenheit zu Einmischungen machen werde, hatte Bismarck die bekannten Worte gesprochen: „daß ein Appell an die Furcht in deutschen Herzen niemals ein Echo findet“.

— Zu dem nachfolgenden Gedicht in Nr. 59 und 60, vom 24. December. Der die Unverfolgbarkeit der Abgeordneten (wegen ihrer Reden) behandelnde § 84 der Verfassung, welcher 1865 und 1866 zu so heftigen Erörterungen geführt hatte, kam im December 1868 im preußischen Abgeordnetenhause aufs Neue zur Discussion, indem aus der freikonservativen Partei ein Antrag eingebracht wurde, nach welchem der betr. Artikel zwar eine veränderte Fassung erhalten, aber das Princip der Unverfolgbarkeit aufs Neue feststellen sollte, und zwar wie es in der Reichsverfassung des Nordd. Bundes geschehen ist. Der Antrag wurde mit großer Mehrheit angenommen.

Derselbe Antrag gelangte hiernach in das Herrenhaus und stand dort am 17. December auf der Tagesordnung. Graf Bismarck nahm zu Beginn der Sitzung das Wort, um auseinanderzusetzen, warum er ungeachtet des Urtheils, welches er über die Grundlagen des Antrags von dieser Stelle früher ausgesprochen habe, jetzt für denselben eintrete: Die Gesammtheit des konstitutionellen Lebens bilde eine Reihe von Compromissen, „welche zu fördern zwischen den verschiedenen Factoren ich als wesentliche Aufgabe einer constitutionellen Regierung ansehe.“ Ein Compromiß könne nicht zu Stande kommen, wenn Niemand bereit ist, einen Theil seiner Ueberzeugung zu opfern. Er sei dazu bereit und ersuche auch die Mitglieder des Herrenhauses, dasselbe Opfer der eigenen Ansicht dem gemeinsamen Verträgnisse der verschiedenen Factoren der gesetzgebenden Gewalt zu bringen.

Trotzdem wurde der Antrag im Herrenhause abgelehnt.

Zur Erinnerung

an den 17. December 1868.

Er trat ins Herrenhaus und sprach: Ihr Herrn,
Laßt uns den Streit der alten Zeit begraben!
Ich selber, frei gestanden, thu's nicht gern,
Doch ziemt mir nicht, nur meinen Sinn zu haben,
Nicht ziemt, die Fragen zu betrachten hier
Nur stets durch der Partei gefärbte Brille;
Drum bring' ein Opfer ich — auf, folget mir!
„Lautlose Stille.“

Gebt Redefreiheit! — Seht, ich selber war
Einst andren Sinnes, war einst eurer Meinung;
Doch Segen sprießt — das ist euch Allen klar —
Dem Lande nicht aus ewiger Verneinung.
Ihr wollt des Staates Wohlfahrt doch gewiß,
Das Glück des Volkes ist euch Ziel und Wille.
Der Friede keimt nur aus dem Compromiß! —
„Lautlose Stille.“

O schließt den Compromiß! hört meinen Rath,
Bedenkt die Folgen sünd'ger Unterlassung!
Denn was erlaubt ist im despot'schen Staat,
Ist Frevel in dem Staate der Verfassung.
Verzichtet auf des Widerspruches Recht,
Verscheucht des Starrsinns theoret'sche Grille,
Zeigt euch als Patrioten voll und echt!
„Lautlose Stille.“

Der echte Patriot bewährt sich treu,
Wenn's gilt, auch durch geheimer Wünsche Beugung,
Am Vaterlands-Altar in frommer Scheu
Bringt er das Opfer seiner — Ueberzeugung.
Hier liegt mein Opfer, liegt ein frommer Wahn,
Den ich gehegt einst in des Hasses Fülle;
Nun, werthe Herren, thut was ich gethan!
„Lautlose Stille.“

Er sprach's, verneigte sich und ging hinaus.
Da wallte plötzlich auf des Kampfes Hitze,
Und zündend flogen durch das hohe Haus
Gewalt'ger Reden Haß- und Zornesblitze,
Und Donner rollten dröhnend Schlag auf Schlag,
Rings wilder Stimmen Ruf und Sturmgebrülle,
Wo eben noch im tiefsten Frieden lag
„Lautlose Stille.“

Und leer blieb der Altar. — Als Opferschaf
Lag neben Bismarcks kranzgeschmückter Gabe
Nur „Vierundachtzig' da, der Paragraph,
Daß man das Messer in den Leib ihm grabe. —
Nun, Klio, keusche Muse, rede du —
Dich hat berufen ja ein ew'ger Wille —
Was sagt wohl die Geschichte einst dazu? —
„Lautlose Stille.“

„Nur nicht ängstlich!“ — sagte der Hahn zum Regenwurm u. s. w.

— Seht doch nur, jetzt kommt Er, jetzt kommt Er!

— Fällt mir gar nicht ein! Es ist nur für den Fall, daß doch das Wetter im Westen heraufzieht, damit ihr bequemer herüber kommen könnt!

1869.

Das folgende große Bild in Nr. 11 vom 7. März „Französische Chiromantie“ kann einer Erläuterung entbehren. In der Zeit zwischen 1866 und 1870 pflegte auf französischer Seite für Alles, was die europäische Politik bewegte, Bismarck's Hand verantwortlich gemacht zu werden. Aus dem im Hintergrunde des Bildes herüberblickenden Kopfe Louis Napoleon's geht hervor, daß die über die Gefährlichkeit und die geheimen Intriguen Bismarck's von französischer Seite verbreiteten Gerüchte und offenen Anschuldigungen auf die französischen Wahlen Einfluß üben sollten.

— Das Bild in Nr. 14 und 15 (vom 28. März) „Der bewaffnete Friede“ ist in allen seinen Beziehungen verständlich. Zwischen den Blättern der von Bajoneten eingehegten Friedenspalme des Norddeutschen Bundes schwirren die inneren Angelegenheiten, vertreten durch den Landtag, das Herrenhaus, den Reichstag und den Zollbund. Die Physiognomie des auf der Lauer stehenden Löwen ist deutlich genug. Zwischen ihm und dem aufmerksamen Wächter der Palme liegt die welfische Schlange von Hietzing. Auf der andern Seite sind als abwartende Beobachter Herr v. Beust, sowie Dänemark und Italien dargestellt.

Französische Chiromantie.

Was alles in Herrn von Bismarck's Hand liegt, worin er sie hat und wobei sie im Spiele ist.

Der bewaffnete Friede.

Man wandelt nicht ungestraft unter Palmen!

— Im folgenden kleinen Artikel aus Nr. 20 vom 2. Mai ist Bezug auf die Verhandlungen über die Branntweinsteuer genommen, welche im Reichstage am 26. April stattfanden.

Müller. **Was haste denn zu die letzten Reden von Bismarcken gesagt?**

Schultze. **Starke Sachen mitunter.**

Müller. **Aber doch auch wieder sehr liebenswürdige.**

Schultze. **Der reine Zucker; und nu die Gährung bei den Nationalliberalen!**

Müller. **Aus Stärke Zucker, und aus Zucker Gährung — ja, Er ist ein großer Brenner in — Spiritus!**

— In Nr. 28, vom 20. Juni, zeigt das Bild „Das schwarze Gespenst", wie beide Gegner — hier Bismarck, dort Louis Napoleon — das gleiche Mittel anwenden, wenn es gilt, für neue Steuern die Zustimmung zu erlangen. Jeder sucht auf seinem Platze vor dem Andern graulich zu machen, indem er ihn so schwarz als möglich malt.

Nach dem Ende der Kammersession hatte sich Bismarck zur Erholung nach Varzin zurückgezogen. Ermüdet und verstimmt durch die Kämpfe, welche er bei allen neuen Steuerprojekten zu bestehen hatte, überläßt er das Staatsschiff seinen Collegen im Ministerium. Die Situation wird sowohl in einem größeren Gedicht „Der Zurückgezogene" (Nr. 32, vom 11. Juli), wie auch in dem „Wochenkalender" der nämlichen Nummer des Blattes geschildert. In dem letzteren sind die schwer zu lösenden Hauptaufgaben der drei Minister: der Finanzen (v. d. Heydt), des Innern (Graf Eulenburg) und des Cultus (v. Mühler) besonders bezeichnet.

Wochenkalender.

Horaz schon spricht: Heil sei dem Herrn,
Der von den Staatsgeschäften fern,
Mit seinen Ochsen stillvergnügt
Die heimathlichen Felder pflügt.

Indeß sich sein College quält,
Dieweil das Geld im Kasten fehlt,
Schaut er vergnüglich drein und spricht:
Was mich nicht beißt, das schmerzt mich nicht.

Indeß ein Andrer sorgenvoll,
Wie man die Kreise ordnen soll,
Schmaucht er und formt mit vieler Kunst
Zu Kreisen seines Pfeifchens Dunst.

Indeß der Dritte klagt zur Frist,
Weil, ach, die Welt so sündhaft ist,
Zählt er die Lämmer froh umher,
Und freut sich auch der Böcklein sehr.

Nicht Zeitung, Post, noch Telegraph,
Raubt ihm, wie sonst, den süßen Schlaf,
Und wird das Amtsblatt ihm gebracht,
Dann schaut er's an, legt's fort und — lacht.

Doch Samstags hört er manchmal gern,
Was sich ereignet in der Fern
An diplomat'schem Matsch und Klatsch,
Und labt sich dann am Kladderadatsch.

Hüben — **Das schwarze Gespenst** — Drüben

als ein Mittel, die Völker militärfromm zu machen, und in ihnen die Steuerzahl-Lust zu erwecken

Sanitätliches.

Der Graf von Bismarck, welcher, nach Zeitungsberichten, seit einem halben Jahre sich „von einem Tage zum anderen stets bedeutend besser befindet", muß jetzt unserer Berechnung nach schon mindestens so aussehen.

In der Sitzung des Abgeordnetenhauses vom 22. April wünschte der Abg. Twesten: dem Bundeskanzler zu empfehlen, nach der Sitte anderer europäischer Länder dem Reichstage eine Darlegung der auswärtigen Politik durch Mittheilung derjenigen zur Publikation geeigneten Aktenstücke zu geben, welche unter dem Namen Blaubücher in England und neuerdings in den verschiedensten Regenbogenfarben in allen andern Ländern üblich geworden sind.

Bismarck setzte auseinander, daß durch die allerdings bestehende Sitte oft den befreundeten Regierungen Schwierigkeiten und Verlegenheiten bereitet würden. „Sollten die Herren aber darauf bestehen, so will ich versuchen, für das nächste Jahr etwas Unschädliches zusammenzustellen."

Moral: Herr von Bismarck aber sagt zum Reichstage: Neugier ist aller Blaubücher und Generalstabsberichte Anfang. Deshalb: Principiis obsta.

1870.

Gerade aus diesem Jahrgang ist nur Weniges hier mitzutheilen. Länger als sonst war der Bundeskanzler Berlin fern geblieben. Am 7. Januar wurde der preußische Landtag wieder eröffnet und Bismarck kehrte erst jetzt zurück. Nr. 3, vom 16. Januar, bringt darüber die folgenden Verse im „Wochenkalender."

Gleich dem Irrstern, dem Kometen,
Naht er wieder, doch wer sagt,
Ob er dienstlich angetreten,
Oder hier zur Hasenjagd?

Ja, die Frage scheint verzeihlich:
Ist er wirklich wieder hier?
Angemeldet polizeilich,
Oder blos auf Nachtquartier?

Oder kehrte nur im Grunde
Der Minister aus Varzin,
Und der Kanzler weilt zur Stunde
Nur auf Urlaub in Berlin?

Oder wären, unterscheidend
Ihre Stellung vor der Welt,
Der Premier noch immer leidend,
Doch der Kanzler hergestellt?

Ach, wer kann die Fragen lösen:
Ob er heimlich noch nervös?
Ob er, officiell genesen,
Fort noch kränkelt officiös?

Ach, wer schlägt die Zweifel nieder,
Ach, wer schaut bis auf den Grund?
Wär' er, wie im Aeußern wieder,
Nur im Innern recht gesund!

Die Nothwendigkeit der Einberufung des Reichstags machte eine längere Vertagung des preußischen Landtags wünschenswerth. Die darüber eingebrachte Vorlage stieß im Herrenhause auf entschiedenen Widerspruch, weil man fand, daß sowohl der Reichstag wie das Abgeordnetenhaus in der Behandlung bevorzugt werde. Obwohl Bismarck in langer und scharfer Rede die gemachten Einwände zurückwies, versagte doch das Herrenhaus der Regierungsvorlage seine Zustimmung.

— Nr. 7 vom 13. Februar.

Müller (in der Zeitung lesend). **„Wenn Sie den Weg gehen, dann gehen unsere Wege so weit auseinander, daß wir uns vielleicht nie wiederfinden werden."**

Schultze. Wer sagt denn das?

Müller. Na, Bismarck zu's Herrenhaus.

Schultze. Donnerwetter, das wäre schön!

Müller. Was denn?

Schultze. Na, wenn Er in die nächste Sitzungsperiode käme und fände das Herrenhaus nicht wieder! Hurrah!

— Das Bild in Nr. 11 vom 6. März parodirt einen Zwischenfall in der Sitzung am 24. Februar, in welcher die Aufnahme Badens in den Norddeutschen Bund verhandelt wurde. Gegen einen darüber vom Abg. Lasker und Genossen eingebrachten Antrag sowie gegen eine Erklärung des Abg. Miquel wendete sich Bismarck in sehr scharfer Weise, weil er den Antrag nicht nur für überflüssig hielt, sondern in demselben sogar ein Mißtrauensvotum gegen die bisherige auswärtige Politik erblickte. Im Verlauf seiner sehr eingehenden Auseinandersetzungen rief er den Herren zu: „Wissen Sie Alles besser wie ich, so setzen Sie sich hierher, und ich werde mich auf jene Stühle setzen, und will diejenige Kritik üben, die mir eine 20 jährige Erfahrung in den Geschäften deutscher Politik an die Hand geben wird; aber ich versichere Sie, mein Patriotismus wird mich schweigen lassen, wenn ich fühle, daß Sprechen zur Unzeit ist."

Müller. Hast Du denn das schon gesehen, wie die Leute unter den Linden, wenn Bismarck vorbeikommt, Front machen?

Schultze. I was? Das war doch früher nich.

Müller. Nee, wenn man nun bedenkt, wie sich das Herrenhaus gegen ihn benimmt.

Schultze. Daß die auch gegen ihn Front machen?

Müller. Ja, das war früher auch nich.

Carneval und Fastenzeit.

Graf Bismarck zum Abgeordneten Lasker im Reichstage.

„Wenn Sie es besser wissen, dann seien Sie der Bundeskanzler – werd' ich der Lasker sein!“ –

Folgendes kurzes und pikantes Zwiegespräch wurde auf dem Glatt-Eise in der Nähe einer gefährlichen Lume belauscht:

L. N. Sie wollen doch nicht etwa Baden?

v. B. Bei der Kälte?! Na so blau!

— Bereits im Monat März kommt der große Europäische Antagonismus wieder zum Ausdruck, sowohl in Bildern wie im Texte. Eine Verletzung des Prager Friedens wurde als die drohende Gefahr eines casus belli betrachtet und von Frankreich herbeigewünscht, wie es auch in dem kleinen umstehenden Bilde (aus der Nr. vom 27. März) angedeutet ist.

Der letzte Bazar.

Von hoch- und höchstgestellten Personen veranstaltet zum Besten der nothleidenden Völker Europa's.

- Das kleine Bild (in Nr. 31, vom 3. Juli) ist das letzte der Bismarck-Bilder vor dem Ausbruch des Krieges. Es ist nur als Illustration einem größeren Gedichte: „Norddeutsche Romantik" beigefügt, worin des Einsiedlers von Varzin Sorgen um das Wohl und fernere Gedeihen des bereits Errungenen geschildert sind. So sitzt er, ein neuer Barbarossa, dem der Schnurrbart durch die Tischplatte gewachsen ist. Selbst die drei Haare haben eine ungewöhnliche Länge erreicht. In dem am Fenster nach Erlösung Ausschauenden ist sein langjähriger treuer Gefährte Herr v. Keudell (der spätere Botschafter in Rom) bezeichnet.

Ich schlafe noch ein Jahr!

Mit diesen Worten Bismarck-Barbarossa's schloß das Gedicht zu dem vorigen kleinen Bilde (vom 3. Juli)

Dies sollte aber nicht zur Wahrheit werden, denn schon nach zehn Tagen erfolgte in Ems das entscheidende Gespräch König Wilhelms mit Benedetti wegen der spanischen Thronkandidatur, und bereits am Tage vorher hatte Bismarck sein Varzin verlassen, um sich über Berlin zum König zu begeben. In Folge der aus Ems eingetroffenen Nachrichten unterblieb die Weiterreise, und am 19. theilte Bismarck in Berlin dem einberufenen Reichstage mit, daß die Kriegserklärung von Seiten Frankreichs erfolgt sei.

Die überwältigenden Ereignisse der nächsten Wochen füllen ausschließlich das Blatt. Die Schlachten von Weißenburg und Wörth werden in Gedichten gefeiert, wogegen in den bildlichen Darstellungen die Persönlichkeiten in den Hintergrund treten, mit Ausnahme des „Lieblings" des Blattes: Louis Napoleons, der ihm bald ganz entrissen werden sollte.

Mit dem in der deutschen Nation schnell erwachten Gefühl, daß Elsaß und Lothringen wieder an Deutschland fallen müssen, tritt auch die große Persönlichkeit Bismarck's (siehe das Bild aus Nr. 41) vom 4. September wieder in den Vordergrund

Selbsterhaltung.

Man muß der Bestie die Krallen abschneiden, damit man künftig Ruhe vor ihr hat.

Müller. Ich weeß jar nicht, was sie da vor'n jroßes Aufheben davon machen, deß Bismarck Jules Favre'n sein Schreiben Deutsch beantwortet hat.

Schultze. Na ja! Jules Favre'n sein Brief war doch Französ'sch jeschrieben!

Müller. Na natürlich; er is ja doch ooch 'n Franzose.

Schultze. Na eben drum! Bismarck wird sich wohl jedacht haben, die Franzosen verstehen uns alleweile am besten, wenn wir ordentlich Deutsch mit sie reden.

Im Sorgenstuhl vor Paris.

Mit Wem machen wir Frieden?

Von der anderen Seite.

J. Favre. Um Himmelswillen, Straßburg ist ja unser Hausschlüssel!
Bismarck. Soll es auch bleiben; nur wollen wir von jetzt ab euer Haus von außen verschließen.

1871.

Nachdem bereits Ende Februar die Friedenspräliminarien unterzeichnet waren, verzögerte sich der Abschluß des Friedens hauptsächlich durch die Schwierigkeiten in der Geldfrage. Den in Brüssel vereinbarten deutschen Vorschlägen über die Zahlung der Kriegskontribution von fünf Milliarden, wurden von französischer Seite über die Art und die Termine der Zahlung andere Vorschläge entgegengesetzt, welche Deutschland nicht annehmen konnte.

Bismarck's Klage.

(Frei nach Gaudy.)

Wo bleibt mein Geld? So frag' ich alle Tage,
Und die Erwartung läßt mir keine Ruh.
Wo bleibt mein Geld? Mit dieser ew'gen Frage
Schau ich dem Kampfspiel der Franzosen zu.
Die Kassen leer und Frankreichs Bank bestohlen!
Kein Mann, der dieses Volk zusammenhält!
Die Brüder Rothschild selbst auf flücht'gen Sohlen.
Da frag' ich wohl mit Recht: Wo bleibt mein Geld?

Wo bleibt mein Geld? — Im blut'gen Kampf umklammern
Die Bürger schon drei volle Wochen sich.
Ich hör' von fern ihr Toben, Fluchen, Jammern —
Wahnsinn'ge Thoren! Doch, was kümmert's mich? —
Mir ist's schon recht, wenn unter den Petarden,
Von euch gezielt, Paris in Trümmer fällt;
Doch denk' dabei ich an die fünf Milliarden,
Dann tönt mein Schmerzensschrei: Wo bleibt mein Geld?

Aus: „Vorschläge zu National-Ovationen für Bismarck und Moltke."

Ein Tafelaufsatz für Bismarck in der Größe des Mont Valerien aus edlem Metall. Germania überreicht ihrem Otto aus Dankbarkeit ein in Kupfer getriebenes Nervensystem. Nervenknoten von Brillanten.

Das dankerfüllte Deutschland bricht den nun definitiv erledigten Kyffhäuser ab und stellt ihn im Parke von Varzin auf. Das Innere des Kaiserberges wird in einen Reichsbierkeller umgewandelt und in sinniger Weise mit 5 Milliarden Flaschen des vom Kanzler besonders geschätzten echten Märzenbieres belegt.

Mit der Eröffnung des deutschen Reichstages, am 21. März, wurde Graf Bismarck zum Fürsten erhoben.

An Otto!

Allah is jroß!
Nu bist du Fürst!
Nu sag' mir bloß,
Was du noch wirst?
Wenn du berghoch
So weiter trabst, —
Denn wirst du noch
Am Ende Papst!

Denn unfehlbar bist du schon wejen deinen prophetischen Ausspruch vor acht Monate: „Zur Strafe sollen die Franzosen Louis Napoleon wiederkriegen!" Schultze.

(Aus den parodirten „Bismarck-Anekdoten.")

Bekanntlich wurde Bismarck erst Graf, dann Fürst. Als er daher die letztere Auszeichnung erhielt, äußerte er unwirsch: „Nun sind schon wieder die Visitenkarten nicht zu gebrauchen."

Im Reichstage begründete Fürst Bismarck die Vorlage über die Erwerbung von Elsaß-Lothringen und über das Verhältniß dieser Landestheile zum Deutschen Reiche (siehe unten das Bild aus Nr. 22). Hiernach begab sich der Fürst nach Frankfurt a. M., wo am 10. Mai der definitive Friede zwischen Frankreich und Deutschland unterzeichnet wurde, von deutscher Seite im Namen des deutschen Kaisers durch den Fürsten Bismarck und den Grafen Harry v. Arnim.

Musikalische Signale.

Fürst Bismarck ist nach Frankfurt gegangen —
Man muß den Fuchs mit Füchsen fangen.
Trara, trara, trara!

Beim „Schwanen" ist er abgestiegen;
Nun werden wir wohl die Füchslein kriegen.
Trara, trara, trara!

Herrn Favre thät die Hand er reichen,
Und sprach: Wir wollen uns vergleichen!
Trara, trara, trara!

Nur fünftehalb Milliarden will ich,
Jedoch in Baar. Ist das nicht billig?
Trara, trara, trara!

Und zahlst du nicht, wie ich befohlen,
So werd' ich selbst das Geld mir holen.
Trara, trara, trara!

Doch zahlst du, eh' dies Jahr versunken,
So soll der Rest dir sein geschunken!
Trara, trara, trara!

Da jauchzte Favre und that sprechen:
Profit tout claire! — Wir werden blechen!
Trara, trara, trara!

Und eh' sie von einander schieden,
Ward unterzeichnet schnell der Frieden.
Trara, trara, trara!

Fürst Bismarck zog drauf nach Berlin,
Und sprach zuvor wie Lohengrin:
Trara, trara, trara!

Für das, was ich jetzt hab' gethan,
Hab' Dank, hab' Dank, du lieber Schwan!
Trara, trara, trara!

Guter Rath ist theuer.

Bismarck (Elsaß und Lothringen einführend). Liebster Reichstag, nun haben wir die beiden Jungen wieder, aber jetzt rathen Sie mir, wie und wo wir sie unterbringen sollen!

Cabinets-Frage- und Antwortspiel.

— Zu dem Bilde in Nr. 26

Im Reichstage hatten in der zweiten Verhandlung über die Erwerbung von Elsaß-Lothringen die Abgeordneten Lasker und v. Stauffenberg ein Amendement eingebracht, welchem von Bismarck sehr heftig widersprochen wurde, da er darin den Ausdruck des Mißtrauens gegen seine deutsche Politik erkennen wollte, wogegen sich namentlich Lasker sehr eifrig verwahrte. In seiner nochmaligen Erwiderung erklärte Fürst Bismarck: Unter den ihm zugemutheten Voraussetzungen würde er die Elsasser Verwaltung nicht übernehmen, weder als Kanzler noch als Minister. „Ich müßte dann bitten, daß hier in der Versammlung ein Antrag gestellt wird auf Streichung des Artikels und Substituirung eines anderen verantwortlichen Ministers außerhalb meiner Person ..“ Unter den Abgeordneten, welche den grollend sich abwendenden Kanzler zurückhalten, ist vor Allen wieder „der kleine Lasker“ kenntlich.

Nein, wenn ihr nicht wollt wie ich, dann spiele ich nicht mehr mit!

Aber, um Himmels willen, wir wollen ja schon! Nur hier bleiben! Wieder mitspielen!

Leichte kühlende Sommermütze für die Ferien.

Fürst Bismarck, in Verlegenheit, welches der vielen Anerbieten zur Erhaltung und Kräftigung seiner kostbaren Gesundheit er annehmen soll, bleibt vorläufig in Varzin.

— Die Zusammenkunft des Fürsten Bismarck mit dem österreichischen Minister Grafen Beust gab natürlich Anlaß zu mancherlei politischen Constellationen, umsomehr, als über die „Abmachungen" strengstes Geheimniß bewahrt wurde, was bei beiden Köpfen des unten folgenden Bildes durch das loco Sigilli auf dem Munde angedeutet ist.

Gasteiner Alpenjodler.

Wenn der Beust und Bismarck einmal wandern gehn
Und sich friedlich in Gastein 'mal wiedersehn,
Dann auf Bergesspitzen rings Reporter sitzen,
Und sie lauschen nieder. — Holdrio!

Wenn die Morgensonn' vom Himmel niederblinkt,
Und der Beust mit Bismarck seinen Caffee trinkt,
Dann von jedem Gipfel zählt man, wie viel Kipfel
Jeder Kanzler schmauste. — Holdrio!

Wenn der Beust sich just 'mal hinterm Ohre juckt,
Und der Bismarck just 'mal mit der Achsel zuckt,
Melden gleich die Blätter: „Sehr bedenklich Wetter
Am polit'schen Himmel!" — Holdrio!

Wenn der Beust dem Bismarck 'mal das Glas credenzt,
Und der Mondschein Bismarcks etwas heller glänzt,
Heißt es gleich: „Die Schatten, die bedroht uns hatten,
Sind verschwunden wieder!" — Holdrio!

Wenn der Beust sich dichter zu dem Bismarck setzt,
Und der Bismarck traulich mit der Lucca schwätzt,
Heißt es gleich: „Der Frieden ist verbürgt hienieden
Zwischen uns und Oestreich!" — Holdrio!

Wenn der Beust nach Hause wieder schwänzeln wird,
Und der Bismarck nicht mehr conferenzeln wird,
Drücken sie die Hände sich zu frohem Ende
Und dann jodeln Beide: Holdrio!

Gastein.

Kein Feuer, keine Kohle kann brennen so heiß,
Als geheime Verträge, davon Niemand nichts weiß!

Der Maschinenmeister.

Da hätte ich bei all' dem Gastein und Varzin bald vergessen, die Uhr aufzuziehen! — So! nun kann sie wieder eine Weile gehen.

1872.

Die sich mit Bismarck beschäftigenden Bilder dieses Jahres beziehen sich fast sämmtlich auf die Anfänge des **Kulturkampfes**. Der wegen seiner pietistischen Richtung lange befehdete Kultusminister v. Mühler trat zurück und an seine Stelle kam am 22. Januar Dr. **Falk** ins Ministerium.

Nachdem Minister Falk bereits am 30. Januar seine Stellung gegenüber unberechtigten Ansprüchen von Kirchen-Gemeinschaften sehr bestimmt erklärt hatte, erhob sich bei den Berathungen über das Schulaufsichtsgesetz die katholische Opposition, unterstützt durch Welfen, Polen und orthodoxe Konservative. Hierbei wendete sich **Fürst Bismarck** mit aller Schärfe gegen den welfisch-ultramontanen Dr. Windthorst und sagte u. A.: „Jedes Dogma, auch das von uns nicht geglaubte, welches so und so viel Millionen Landsleute theilen, muß für ihre Mitbürger und für die Regierung jedenfalls heilig sein. **Aber wir können den dauernden Anspruch auf eine Ausübung eines Theiles der Staatsgewalt den geistlichen Behörden nicht einräumen** . . .“ Und in der Sitzung vom 10. Februar sprach er in derselben Angelegenheit: „Wenn die **Fundamente** des Staates von einer Seite angegriffen werden, welche mehr dazu berufen ist, sie zu befestigen, so werden Sie mich auch da zu jeder Zeit auf der Bresche finden.

Das entschleierte Bild zu Sais.

Auch Du, Brutus?

„Bismarck in der Debatte.“

Und der Leu mit Gebrüll
Richtet sich auf, da wird's still.

Verschärfung des Conflictes mit der katholischen Partei durch die in Rom erfolgte Abweisung des zum deutschen Botschafter beim päpstlichen Stuhl berufenen Cardinals Fürsten Hohenlohe.

Als in der Sitzung am 14. Mai nach Erörterung der Angelegenheit durch den Abg. v. Bennigsen Fürst Bismarck erwiderte, sprach er u. A. die Worte: „Seien Sie außer Sorge, nach Canossa gehn wir nicht, weder körperlich noch geistig."

(Aus: Telegraphische Depeschen des Kladd.)

Canossa. Die Ankunft des Reichskanzlers wird jeden Tag erwartet. Es mehrt sich stündlich die Anzahl der hier anlangenden Photographen, welche Bismarck im Hemde und in Sommer-Parisern in unserem Hofe die Buß-Cigarre rauchend, bildlich abfangen und aufnehmen möchten.

Der Dorn im Auge der Schwarzen.

Der Fürst Bismarck wird es müde, seine Nase als ein öffentliches Vergnügungslocal betrachtet zu sehen.

Radical, nicht palliativ.

Das Aufstöbern hilft nichts, sie werden nur noch bissiger dadurch. Man muß sie entweder ganz in Ruhe lassen oder vollständig ausrotten; einen Mittelweg giebt's nicht.

Ein Stündchen bei Bismarck.

Bericht eines amerikanischen Interviewer.

Ist der Reichskanzler wirklich krank, oder hat er nur einen Schachzug vor? Bedarf er der Ruhe, oder soll seine alte Schlaflosigkeit nur gegen die Jesuiten dienen? Um diesen und anderen Fragen endlich ein Ziel zu setzen, schlug ich den Berliner Wohnungsanzeiger nach und fand:

„von Bismarck, Otto, Fürst, Dr., Reichskanzler, Ministerpräsident und Minister der auswärtigen Angelegenheiten, Minister für Lauenburg, General-Lieutenant, Wilhelmstr. 76."

Ich bestieg den Omnibus, der alle zehn Minuten zu Bismarck fährt, da Droschken für einzelne Personen immer „bestellt" sind.

Nachdem ich meine Karte abgegeben hatte, währte es nicht zwei Minuten, als der Kammerdiener mich bat einzutreten.

Unbekannt mit den diplomatischen Sitten, gab ich Bismarck gleich beim Entree seine sämmtlichen Titel. „Wenn Sie so fortfahren," — meinte er — „so wird der dritte Theil der Zeit, die ich Ihnen gewähren kann, nutzlos zugebracht werden." Welch ein praktischer Blick, und welche große Bescheidenheit!

„Lieber Doctor" — sagte ich, um mich also so kurz wie möglich zu fassen — „verschiedene Gerüchte laufen umher. Wie steht es mit Ihnen? Was haben Ihnen die Aerzte geboten? Wie viel wollen Sie haben? Ist Ihnen wirklich Ruhe nöthig? Woran leiden Sie, und was mögen Sie gern leiden? Sind Ihre Magennerven angegriffen? Brennen Sie Sod? Wie ist der Geschmack?"

„Verschieden!" — entgegnete der Minister.

„Richtig! De gustibus non est disputandum."

„Ziehen Sie es vor, Lateinisch zu sprechen?" — fragte der Cicero der Leipziger Straße. „Mir stehen so ziemlich alle Zungen zu Gebote."

„Das glaub' ich!" — sagte ich. „Darf ich jedoch bitten, mir nur die Ihrige zu zeigen? Sie wird mir am besten zeigen, wie es mit Ihrer Gesundheit steht."

Der protestantische Vicedeus willfahrte mir und streckte mir die Zunge heraus.

„Noch etwas weiter, wenn ich bitten darf!" — Sie war sehr belegt. „Sie haben eine böse Zunge!"

„Das weiß ich!" — sagte der Salomo des letzten Jahrtausends.

„Empfinden Sie zuweilen Ekel?" — fragte ich weiter.

„O ja!" — erwiderte der größtlebende Kopf der Erde — „und Sie dürfen das sogar drucken lassen!"

„Haben Sie Schärfe und Ameisenkriechen, und haben Sie als Kind vielleicht an doppelten Gliedern gelitten?"

„Wie kommen Sie darauf?" — neugierte der Mucius Scävola des Preußischen Junkerthums.

„Wohnten nicht einmal zwei Seelen ach! in Ihrer Brust?"

„Allerdings" — sagte der Jehovah der Nationalliberalen — „und ich leide auch jetzt noch unter dieser Wohnungsnoth."

„Nun" — sagte ich zu dem Auserwählten von 156 Millionen — „was ist denn so eigentlich noch gesund an Ihnen?"

„Der Menschenverstand!" — entgegnete der Sokrates des Nordens. „Ich habe, Gott sei Dank, noch immer einen gesunden Menschenverstand."

„Dann wird Ihnen ein kleiner Ziegenpetrus auch nichts anhaben können!"

Der Nero des Jesuitenthums verstand meine Anspielung auf den Bock des Pius und lächelte. „Ich fürchte weder die Schwarzen noch die Rothen!" — rief der Wilhelm Tell der Kommune und des Römerthums. „Blouse oder Kutte, Petroleum oder Aqua toffana — einen Tod müssen wir alle sterben."

„Wir Alle, ja, aber Sie nicht, größter Mann seit Moses! Sie werden ewig leben!"

„Ich trinke den ganzen Tag Milch" — versetzte der Alarich des Hauses Habsburg, der Masaniello der Gesellschaft der Väter Jesu.

„Um für alle Fälle das Gegenmittel schon in sich bereit zu haben? Was haben Sie sonst von Ihrem Koch?"

„Nichts zu befürchten; es ist ein Jude, und jeden Tag ein Anderer" — bemerkte der Gustav Adolph der fünf Milliarden Schweden.

„Ach, das ist pikant! Darf ich das auch drucken lassen?"

„Mit Vergnügen! Die Börse hat das größte Interesse, daß ich am Leben und verschont bleibe von dem, was bis jetzt noch allen Gegnern einer gewissen Partei in die Suppe getröpfelt wurde" — meinte der Bouillon-Gottfried des Muckerthums. „Wenn mir was Menschliches begegnet, dann ist Jüngsten-Tag und Lange-Nachtgleiche in der Burgstraße" —

„Nun, in den Stürmen der Aequinoctien geht das Meiste unter!"

„Sicher. Darum kocht jeden Tag ein anderer Banquier bei mir. Wollen Sie heut mein Gast sein?"

Ich verstand den Braten, oder vielmehr, ich roch den Wink, daß die Audienz zu Ende sei.

„Noch ein Wort!" — sagte ich zu dem Salmanassar der Mark Brandenburg, dem Kolumbus der Neuzeit, dem Romulus des Fischerdorfes zur Weltstadt. „Wir haben also von Ihnen kein Canossa zu erwarten?"

„Niemals!" — sagte er. — „Ich habe sogar jetzt schon kalte Füße!"

Ich hatte genug und empfahl mich.

Schon seit mehreren Wochen hatte Fürst Bismarck das dringende Verlangen, wegen seiner durch Ueberanstrengung angegriffenen Gesundheit sich für längere Zeit zurückzuziehen. Er trat am 18. Mai seinen erbetenen Urlaub an, um sich zunächst nach Varzin zu begeben. Für die Angelegenheiten aus dem Ressort des Reichskanzleramtes wurde er durch den Staatsminister Delbrück vertreten.

Wochenkalender.

Heil uns, daß zu der Sommerfrische
Des Reiches böser Kanzler floh!
So lang er saß am grünen Tische,
Ward man des Lebens ja nicht froh.
Das Majunkerthum. *

Es waren rechte Marterwochen:
Uns war in diesem Redekrieg
Unheimlich schon, wenn er gesprochen,
Unheimlicher noch, wenn er schwieg.
Idem.

Nun ist er fort zum Pommerlande!
Wir athmen endlich wieder auf.
Zum Kampf auf's Neu' denn, schwarze Bande;
Verderben, nimm jetzt deinen Lauf!
Idem.

Fort ist er, fort! Viel Glück zur Reise,
Sein Scheiden sei auch uns zum Heil!
Denn mit der Ordnung unsrer Kreise
Hat es nunmehr wohl keine Eil'.
Das andere Junkerthum.

Jetzt schleicht zur Lust Feudalgesinnter
Das Kreisgesetz den Schneckentrab.
Es läuft auch bis zum nächsten Winter
Viel Wasser noch den Berg hinab.
Idem.

Frohlockt zu früh nicht, stolze Schaaren!
Denn, eh' ihr merket, wie's geschah,
Da kommt er zwischen euch gefahren
Und ist leibhaftig wieder da!

* Majunke war damals noch der Redacteur der ultra-klerikalen „Germania".

Zu früh.

Fürst Bismarck soll in Varzin begonnen haben, seine Memoiren zu schreiben. Da erscheint ihm eines Nachts ein Jesuit, um ihn daran zu erinnern, daß noch Viel zu thun übrig sei, ehe er an den Abschluß seiner sämmtlichen Werke denken könne.

Beatus ille, qui procul negotiis.

Sei mir gegrüßt, du grünes Blätterdach,
Gegrüßt, du sangbelebter Buchenhain!
O schwatze ruhig weiter, lieber Bach:
Dein Plaudern wiegt in süßen Traum mich ein.

Dem Lärm entronnen und dem Weltgedrang,
Abschüttl' ich der Geschäfte Sorgenwust.
Hier webt nur Freude rings und frischer Klang,
Und neues Leben zieht in meine Brust.

Wie still der Wald! — Der Heerden fern Geläut
Und frommer Glockenton durchzieht die Luft.
Wie anders tönt mir dieses Läuten heut
Als Simsons Glocke, die zum Streite ruft!

Jetzt sitzen sie vielleicht im hohen Saal
Und rüsten sich zu schrecklichem Gefecht,
Und Reichensperger schwingt der Rede Stahl
Und Mallinckrodt kämpft für der Kirche Recht.

Und Moufang rufet über Pank' und Spree
Herab sein Miserere Domine!
Und Windthorst grollt. — Mir thut es lang schon weh,
Daß ich den Mann in der Gesellschaft seh!

Der alte Kampf, dieselbe Melodei,
Das alte Klagelied jetzt und immerdar! —
Was für ein Vöglein flog da schnell vorbei?
Ich wette drauf, daß es ein Dompfaff war.

Wie still der Wald! — Er athmet Frieden tief,
Just wie zur Zeit, da der Trompete Schall
Mich plötzlich aus den stillen Hallen rief.
Heut aber waltet Frieden überall.

Kein Feind mehr, der an unsre Thore pocht —
Lieb Vaterland, du hast jetzt endlich Ruh.
Ich hab gethan, was meine Kraft vermocht;
Für's Weitre, wackrer Delbrück, sorge du!

Lenk du mit kund'ger Hand jetzt mein Gespann,
Du kennest ja der Zügelführung Brauch;
Zeig, wie man Romas Hengste bänd'gen kann,
Und, wenn es noth thut, brauch' die Peitsche auch.

Mich aber laßt einmal von Arbeit ruh'n,
Gönnt mir zu schlummern in der Blumen Schooß.
Ich denke einen langen Schlaf zu thun,
Denn dieser letzten Tage Qual war groß.

Der Minister des Innern Graf zu Eulenburg hatte die bedeutenden Reformen im preußischen Staatswesen unternommen und im Oktober bildete die wichtige Gesetzvorlage einer neuen Kreisordnung den Gegenstand der Verhandlungen im Abgeordnetenhaus. Die der liberalen Richtung gemachten Zugeständnisse der Kreisordnung erregten jedoch den schroffsten Widerstand des Herrenhauses, und zu Eulenburg's Kummer blieb Bismarck noch fern.

Am 31. Oktober erfolgte im Herrenhause die Ablehnung der Regierungsvorlage der Kreisordnung und — Bismarck blieb noch fern. Das große Bild in Nr. 53 u. 54 (vom 24. November) zeigt den Grafen Eulenburg als Caspar in der Wolfsschlucht wie er Bismarck (Samiel) zu erscheinen beschwört — „bei Kleist-Retzow's Hirngebein". (Kleist-Retzow war der heftigste unter den Gegnern der liberalen Kreisordnung.)

Aber — Bismarck blieb noch fern.

Die Ablehnung der Kreis-Ordnung im Herrenhause hatte zur Folge, daß durch die Regierung 25 lebenslängliche Mitglieder in dasselbe berufen wurden (Pairs-Schub). Hiernach kam am 9. December die Kreisordnung auch im Herrenhause zur Annahme.

Fürst Bismarck kehrte endlich am 14. December nach Berlin zurück und am 21. Dec. erfolgte sein Rücktritt vom Präsidium des Staatsministeriums.

Fürst Bismarck bittet dringend, daß man ihn doch wenigstens in Varzin mit Zuschriften verschonen möge.

Scene aus der nächstens stattfindenden Aufführung einer vaterländischen Oper im Herrenhause.

Casper von Eulenburg. Bei Kleist-Retzow's Hirngebein,
Samiel, Samiel erschein!

1873.

Zu dem Bild in Nr. 1, vom 5. Januar. Fürst Bismarck ward auf seinen dringenden Wunsch von dem Präsidium des Staatsministeriums entbunden, und am 1. Januar das älteste Mitglied des Ministeriums, Kriegsminister Graf von Roon, zum Präsidenten desselben ernannt.

— Zu dem kleinern Bild in Nr. 5. — Nachdem bereits am 5. Jan. im Abgeordnetenhause der Minister des Innern Graf zu Eulenburg „um die Beunruhigung, von der der Abg. Lasker gesprochen, zu beseitigen", erklärt hatte, „daß auch nach dem Präsidiumswechsel das Ministerium nicht aufhöre, im wahren Sinne ein Ministerium Bismarck zu sein", hatte Lasker wieder in der Sitzung am 25. Januar eine Erklärung darüber erbeten, welcher Art die Stellung des auswärtigen Ministers gegenüber dem preußischen Ministerium sei, und sprach zugleich die Erwartung aus, daß der Beistand und die Energie des Reichskanzlers auch dem jetzigen Ministerium nicht fehlen werde.

.... „daß an der Spitze des für Preußen gänzlich zwerghaften Ministeriums des Auswärtigen ein Mann steht, der doch dessen Dimensionen durchaus nicht angepaßt ist." (Lasker.)

Der alte Staatsminister an den Aeltesten.

Roon, hier hast du meinen Speer —
Meinem Arm wird er zu schwer!

Der leibhaftige Schwarze.

Welch ein Gespenst bracht' ich ins Haus!
Schon sieht es wie ein Nilpferd aus. (Faust.)

Die vom Abgeordnetenhause angenommenen und an das Herrenhaus verwiesenen Kirchengesetze kamen trotz der orthodox-konservativen Opposition auch dort am 1. Mai zur Annahme und am 15. Mai erfolgte die Veröffentlichung der Gesetze.

In der Reichstagssitzung vom 16. Juni, als der Abg. Lasker gelegentlich von „Volksrechten“ sprach, erklärte Fürst Bismarck dies als deklamatorische Redensarten und fuhr dann nach dem dadurch erregten großen Lärm fort: „Zum Volke gehören wir Alle, ich habe auch Volksrechte, wir alle sind das Volk, nicht die Herren, die gewisse alte, traditionell liberal genannte Ansprüche vertreten. Das verbitte ich mir, den Namen Volk zu monopolisiren und mich davon auszuschließen.“

Am 20. Mai wurde die Landtags-Session geschlossen und am 25. Juni erfolgte der Schluß des Reichstags.

Allen theilnehmenden Freunden und Feinden

die Anzeige, daß unsere Stiefmutter Herrenhaus nach langen Mühen glücklich von den Kirchengesetzen entbunden ist.

Zum Volke gehören wir Alle, zum Volke gehöre ich ebenso gut wie Sie! ꝛc.

Um seinen Worten noch mehr Nachdruck zu geben, begibt Fürst Bismarck sich am Tage nach der nervösen Debatte in eine Volksküche und ißt mit.

Glücklicher Moment aus dem Leben eines großen Staatsmanns.
Nach Varzin!

— Zu dem Bilde in Nr. 43: Bismarck als Papageno. Der italienische General und Minister Lamarmora, welcher seit 1866 von feindseliger Gesinnung gegen Preußen erfüllt war, hatte 1873, um sich selbst wegen seiner Handlungsweise zu rechtfertigen, ein Buch veröffentlicht, welches hauptsächlich gegen Bismarck gerichtet war und welches neben der indiscreten Veröffentlichung von diplomatischen Aktenstücken Dinge gegen Bismarck enthielt, welche auf Mittheilungen beruhten, die sich durchaus als Erfindungen erwiesen. — Bismarck trägt hier die drei von ihm eingefangenen Vögel: Napoleon III., Beust und Lamarmora auf seiner Stange.

— Zu dem Bild in Nr. 49. — Auf Wunsch des Grafen v. Roon wurde derselbe am 9. November durch Allerhöchste Ordre vom Präsidium des Staatsministeriums entbunden und dem Fürsten Bismarck wiederum das Amt des Ministerpräsidenten (neben seinen bisherigen Funktionen) übertragen.

Cousin, ich kann nicht mehr!

Graf Roon legt das Präsidium wieder in des Fürsten Bismarck Hände zurück.

Der Vogelfänger bin ich ja, stets lustig — heisa hopsasa!

Bismarck-Papageno. Warum gingen sie auf den Leim!

1874.

Das schon erwähnte Buch des italienischen Generals und ehem. Ministers Lamarmora: „un poco piu di luce" (Etwas mehr Licht), welches hauptsächlich dazu bestimmt war, die Politik des Reichskanzlers zu discreditiren, wurde in der Sitzung des preuß. Landtages am 16. Januar von dem damaligen Führer der Centrums-Fraction v. Mallinckrodt benutzt, die schwersten und gröbsten Verdächtigungen und Anschuldigungen, in Abwesenheit des Fürsten Bismarck, gegen diesen zu richten, so u. A.: Derselbe habe erklärt, ihm würde es gar nicht so schwer werden, einen Theil des linken Rheinufers an Frankreich abzutreten. Dies sollte nach der angeblichen Unterredung Bismarck's mit dem General Govone (1866) erwiesen sein. Bismarck, welcher erst beim nächsten Gegenstand der Tagesordnung in der Sitzung erschien, erklärte auf die ihm berichteten Aeußerungen Mallinckrodt's: Die Sache sei in lügenhafter, gehässiger Weise erfunden, nicht eine Silbe davon sei wahr. „Ich habe niemals irgend Jemandem die Abtretung auch nur eines Dorfes oder auch nur eines Kleefeldes zugesichert oder auch nur in Aussicht gestellt. Alles, was darüber circulirt und behauptet wird, erkläre ich in seinem ganzen Umfange für eine dreiste, tendenziöse Lüge, die zur Anschwärzung meiner Person erfunden worden ist." (Stürmisches Bravo!) — Zu nochmaligen Erwiderungen auf die Reden der Herren Windthorst und Mallinckrodt äußerte dann Bismarck u. A.: „Gehen Sie von der Garonne (um mit der Gascogne anzufangen) bis zur Weichsel, vom Belt bis zur Tiber . so werden Sie finden, daß ich in diesem Augenblicke wohl die am stärksten und — ich behaupte stolz die am besten gehaßte Persönlichkeit bin."

— Auf dem Bilde in Nr. 4, welches die erregte Sitzung drastisch veranschaulicht, springt Lasker herbei, um den von den Clerikalen angegriffenen Minister zu vertheidigen.

Der schwarze Zwischenfall

vom 16. Januar.

Herr von Mallinckrodt benutzt den breiten Rücken des Fürsten Bismarck, um hinter demselben Beschuldigungen gegen den Reichskanzler loszulassen.

Der Fürst weist die Verkleinerung zurück und sagt dem sichtlich kleiner werdenden Herrn von Mallinckrodt dienstlich, daß er weder das schwärzeste Dorf noch dito Kleefeld abgetreten haben würde.

Herr Windthorst versetzt, durch die Geschäftsordnung gedeckt, dem Fürsten einige Seitenhiebe, bis Lasker in Lebensgröße für den Letzteren in die Bresche springt. Da wird's still, und der Präsident — schließt den Zwischenfall.

Zu Nr 5 auf dem Bilde „bestgehaßt und bestgeschützt“ ist dieser Zwischenfall noch humoristischer illustrirt. Auf beiden Bildern figurirt Bennigsen als Präsident des Abgeordnetenhauses.

Bestgehaßt und bestgeschützt.

Matinée bei Herrn von Bennigsen am 16. Januar.

Mein Fräulein, der Mann ist da, welcher Sie nach Hause begleiten soll. Sie können bei jetzigen Zeiten unmöglich unbeschützt über die Straße gehen.

Das neueste „geflügelte Wort“ Bismarcks.

Ich bin — so sprach der Fürst — der bestgehaßte Mann,
Den in Europa jetzt man irgend finden kann!
Wie ward er einst geliebt, als er der Junkerschaar
Und auch den Pfäfflein hold und gern gefällig war!
Doch ist's der Dinge Lauf in unsrem Weltgetriebe:
Der schlimmste Haß ist stets der Haß — verschmähter Liebe.

Aus dem „Plauderstündchen beim Reichskanzler“.

Während der langdauernden und schwierigen Berathungen über das dem Reichstage vorgelegte neue „Reichsmilitärgesetz“, durch welches dem deutschen Heere die dem Schutze des Vaterlandes dienende Organisation dauernd gesichert werden sollte, war Fürst Bismarck Ende März an seinem alten rheumatischen Nervenleiden erkrankt und lag längere Zeit darnieder.

Störung und Schluß.

— Woran liegt es denn, daß die Maschine so flau arbeitet?
— Der Maschinist ist krank, da wollen wir lieber den Betrieb ganz einstellen.

Fürst Bismarck geht nicht in alle Bäder, tritt auch nicht in den Ruhestand, sondern ist gerade jetzt so beschäftigt, daß er kaum Zeit hat, sich den Bart stehen zu lassen.

Während Bismarck im Juli zur Kur in Kissingen war, geschah daselbst am 13. Juli der gegen ihn gerichtete Mordversuch durch den Böttchergesellen Kullmann. Der Fürst wurde nur am rechten Handgelenk leicht verwundet. Es stellte sich heraus, daß der Verbrecher Mitglied des katholischen Männervereins in Salzwedel sei und daß der von der Centrumspartei gegen Bismarck wegen der Kirchengesetze geschürte Haß ihn zu der That getrieben, wiewohl er versicherte, ganz nach seinem eigenen Kopfe gehandelt zu haben.

Die Meuchelthat von Kissingen.

Ein Rasender! Klagt keinen Andern an
Der Frevelthat, nichtswürd'ger Hand mißlungen!
Wer zielte nach dem bestgehaßten Mann?
Ein Rasender, von Rasenden gedungen!

Und rasend wär's und gänzlich unerhört —
Wenn nicht so ernsthaft, wär's fürwahr zum Lachen —
Des Kanzlers Feinde, Alle ehrenwerth,
Für diese That verantwortlich zu machen!

Ihr Wort — zugeben will ich's — gleicht dem Gift;
Das ist jedoch kein Anlaß zu Beschwerden,
Da Gifte ja — was diesen Punkt betrifft —
Als Arzeneien oft verordnet werden!

Und gift'ger Haß, mit Eifer ausgesä't,
Wird leicht einmal im Herzen eines Tollen
Aufgehn als Mord — wie sich von selbst versteht,
Ganz ohne daß die Säenden es wollen!

Fern sei's von mir, zu werfen einen Stein
Auf irgend Jemand, weder sonst noch heute!
Des Kanzlers Feinde — Jeder sieht es ein —
Sind Alle, Alle ehrenwerthe Leute!

Das sind sie Alle, und das bleiben sie,
Was Rasende, von Rasenden gedungen,
Auch freveln mögen. Rom, fall' auf die Knie!
Dank deinem Gott, daß — diese That mißlungen!

Das folgende Bild in Nr. 57 (vom 13. December) behandelt eine der stürmischsten Sitzungen des Reichstags, am 4. December. In seiner Rede über die ihm mißfällige auswärtige Politik des Reichskanzlers hatte der (bayrische) ultramontane Abg. Jörg die Unbesonnenheit begangen, auch an die That Kullmanns zu erinnern, den er als einen halbverrückten Menschen bezeichnete. Fürst Bismarck sprach dann in seiner Erwiderung die Worte: „Mögen Sie sich lossagen von diesem Mörder, wie Sie wollen, er hängt sich doch an Ihre Rockschöße." Bei nochmaliger ähnlicher Aeußerung des Fürsten Bismarck drang bei dem stürmischen Beifall des Hauses aus dem Toben der Centrumspartei der mehrmalige Ruf: „Pfui!" des ultram. Abg. Grafen Ballestrem. Als der Präsident von Forckenbeck diesen Ruf als unparlamentarisch gerügt hatte, bemerkte Bismarck: „Pfui ist ein Ausdruck des Ekels und der Verachtung! Glauben Sie nicht, daß mir diese Gefühle fern liegen! Ich bin nur zu höflich, sie auszusprechen."

Potpourri aus der Reichstagssitzung vom 4. December 1874.

Avis au Public diplomatique de l'Europe.

„Wir haben reine Wäsche in der Politik." Fürst Bismarck.

Der bestangeschwärzte Mann in Europa.

Die englische „Hour" und die „N. A. Z." vertheidigen den Fürsten Bismarck gegen die deutschfeindlichen Zeitungspiraten, welche ihm die Algoa-Bai, Portorico, Curaçao, Helgoland, Incorporirung von Dänemark, Sulu-Inseln und, seit der Ermordung des Hauptmanns Schmidt, Intervention, sogar Gebietserwerbung in Spanien in die Schuhe schieben, nur um der alten Dame Europa das wohlverdiente Nachachtzehnhundertundeinundsiebzig-Schläfchen zu verkümmern.

Nachdem Graf Harry von Arnim als deutscher Botschafter in Paris von seinem Posten abberufen worden war, weil er mit seiner dortigen diplomatischen Thätigkeit sich in Widerspruch zu den Intentionen Bismarck's gesetzt hatte und zwischen diesem und dem Kaiser eine bedenkliche Rolle spielte, wurde er, unter der Anklage, aus seiner früheren diplomatischen Thätigkeit herrührende Papiere widerrechtlich an sich genommen zu haben, am 14. Oktober verhaftet. Auf die Einzelheiten der Anklage und der langen Prozeßverhandlungen haben wir nicht nöthig hier einzugehen. Das Urtheil erster Instanz erfolgte am 19. December. Es sprach den Angeklagten zwar von der Beschuldigung der „Unterschlagung" von Urkunden frei, wohl aber des Vergehens „gegen die öffentliche Ordnung" schuldig. — Das Bild in Nr. 58, welches die alte Fabel vom irdenen und eisernen Topf illustrirt, erklärt sich hiernach selbst, ebenso das hübsche kleinere aus den „Illustrirten Rückblicken".

Eine lehrreiche alte Fabel mit beherzigenswerther Moral.

Der Irdene und der Eiserne.

Zur Zeit des Venusdurchgangs, welcher die ganze nördliche Erdhälfte neidisch auf die südliche machte, beobachtete in Berlin der Staatsanwalt den Durchgang eines kleineren diplomatischen Körpers durch einen größern. In beiden Fällen kamen die Größeren ohne jede Beschädigung davon.

1875.

Er darf nicht gehn!

Er darf nicht gehn! Mag auch in Zeitungsblättern
Sein Abgang tausendfach verzeichnet stehn;
Mag Sigl und „Germania" Jubel schmettern,
Alldeutschland ruft es laut: Er darf nicht gehn!
Es ruft aus Dorf und Feldern,
Es rauscht aus Haid' und Wäldern,
Westfal' und Schwabe, Fries' und Sachs' verstehn
Sich in dem einen Ruf: Er darf nicht gehn!

Er darf nicht gehn, der mit uns im Conflicte
Erzürnt, erbittert einst im Kampfe lag:
Der gegen Virchows Haupt den Degen zückte,
Und über den das Volk den Stab einst brach;
Der dann durch Blut und Eisen
Uns Deutschen thät' beweisen,
Daß Turnen, Sang und Schützenfest recht schön,
Doch Handeln besser nein. Er darf nicht gehn!

Er darf nicht gehn, Er, der als Reiches Mehrer
Im Norden und im Süden wohlbekannt;
Ein Atlas, trägt milliardenzentnerschwer Er
Die Last für uns, fürs deutsche Vaterland.
Und will sie Ihn erdrücken,
So helfen und erquicken
Die Männer all' Ihn gern, die um Ihn stehn;
Die Last wird leichter, doch Er darf nicht gehn!

Er darf nicht gehn, der jüngst den wälschen Drachen
Erlegt, als Deutschlands starker Schirm und Hort,
Der, trotzend Roma's gierig offnem Rachen,
Den deutschen Kaiser salbt' an jenem Ort,
Wo einst der Feinde grimmster,
Der Räuber allerschlimmster,
Der falschen Kunst falschherziger Mäcen'
Auf eitlem Throne saß. Er darf nicht gehn!

Er darf nicht gehn! Und mögen zehnfach brüten
Wahnwitz und Frevel über feigem Mord,
Thürmt ein lebend'ger Wall, Ihn treu zu hüten,
Von deutschen Männern sich aus Süd und Nord.
Sie stehn, zu Roma's Trutze
Vereint zu Seinem Schutze,
Daß reckenkühn dem Feind Er möge stehn,
Ein Siegfried sonder Fehl. Er darf nicht gehn!

Stimme von Jenseits — des Oceans.

Fürst Bismarck, den Hecker sehr richtig den „Pfaffenhammer" nennt, wird als solcher bleiben.

Bismarck bleibt.

(Frei nach französischen Blättern.)

Alle Hoffnungen sind wieder umsonst gewesen. **Bismarck bleibt!**

Schon sah man Ihn schwanken und fallen, schon sah man als Seinen Nachfolger den würdigen **Windthorst**, zum Herzog von **Perleberg-Meppen** ernannt, die Reichskanzel besteigen. Schon flog der Ruf: „**Bismarck wird fortgejagt!**" beseligend durch das **ultramontane Europa.**

Da auf einmal kommt uns die Donnerkunde: **Bismarck bleibt!** Durch flehentliches Bitten, durch heiße Thränen hat Er es erreicht, vorläufig noch auf Seinem Posten belassen zu werden. Man nahm dabei, wie wir hören, Rücksicht auf Seine Familie, auf Sein Alter und auf den Umstand, daß es Ihm augenblicklich schwer fallen würde, eine anderweitige Verwendung zu finden. Es trifft sich so unglücklich, daß momentan alle **Deichhauptmannsstellen** besetzt sind. Auch der Gedanke daran, daß Sein Geburtstag vor der Thür ist, mag bei den Entschließungen an höherer Stelle mitgewirkt haben.

Zum 60. Geburtstag.

Wer ernst, wie Du, und redlich hat gerungen,
Gibt froh sein Werk den kommenden Geschlechtern
Und weicht zurück nicht vor der Zeiten Schwere.

Was Du gethan, was herrlich Dir gelungen,
Steht fest und stark trotz Neidern und Verächtern;
Denn die es hüten, heißen Treu' und Ehre.

Seit der Encyklika des Jahres 1864, mit dem Syllabus — dem Verzeichniß aller vom Papste verdammten Lehren — war keine gegen die preußische Regierung so feindliche Publikation Pius IX. erfolgt, wie die päpstliche Bulle vom 5. Februar 1875. Schon im Dezember 1874 wurde der zwei Jahre früher von Bismarck an die deutschen Vertreter gerichtete vertrauliche Erlaß bezüglich einer etwaigen neuen Papstwahl veröffentlicht, wogegen eine Collectiv-Erklärung des deutschen Episcopats erfolgte. Am 4. Dezember wurde dem Reichstage die Einziehung der deutschen Gesandtschaft beim päpstlichen Stuhl angezeigt, und im März 1875 wurde dem preußischen Landtage die Vorlage wegen Einstellung der Leistungen des Staates für die römisch katholische Kirche überwiesen, welche die Maßregeln gegen die widerspenstigen Bischöfe zur Folge hatte.

Quod nunquam.

Was niemals er gewagt im Lauf der Zeiten,
Das kecke Wort, nun hat er's doch gesagt;
Was nie, trotz unfehlbarer Eitelkeiten,
Er sagte, endlich hat er's doch gewagt.

Was niemals war, enthüllt die neu'ste Bulle
Als Wahrheit all' der gläub'gen Kreatur.
Was nie er that: er hat die jüngste Schrulle
Verkündet — im Westfälischen Mercur.

Was nie gescheh'n: es wurde von den Stufen
Des Präsidententhrons zum ersten Mal
Zur Ordnung Reichensperger jüngst gerufen
Nach siebenundzwanzig Jahren — wie fatal!

Was nie die ält'sten Redner selbst erlebten:
Es wurde Bismarck — nicht der „Mark Trebon" —
Als er ins Haus trat, daß die Wände bebten,
Begrüßt von einem Sturm der Ovation.

Was nie er glaubte und, wie Zeugen melden,
Was nimmer er noch jetzt begreifen kann:
Auf Deutschlands Kaiserthron fand er 'nen Helden
Und in dem Kanzler einen deutschen Mann.

Und wähnst du noch, daß deiner Flüche Grollen
Und deines Bannes Blitz den Erdenkreis
Erschüttre? — Auf! Laß deine Steinchen rollen!
Wir lachen dein: Quod nunquam, heitrer Greis!

Zwischen Berlin und Rom.

Der letzte Zug war mir allerdings unangenehm; aber die Partie ist deshalb noch nicht verloren. Ich habe noch einen sehr schönen Zug in petto!

Das wird auch der letzte sein, und dann sind Sie in wenigen Zügen matt — — wenigstens für Deutschland.

Im Juni hatte Bismarck Urlaub auf unbestimmte Zeit genommen. Seine Vertretung geschah durch den Staatssekretär im auswärtigen Amte v. Bülow, durch den Präsidenten des Reichskanzleramtes Delbrück und durch den Vicepräsidenten Camphausen. Bismarck blieb wieder für lange Zeit in Varzin. Als im Oktober Kaiser Wilhelm nach Italien zum Besuch des Königs reiste, konnte ihn Bismarck wegen seines rheumatischen Fußleidens nicht begleiten. Dafür gingen Herr v. Bülow und Herbert v. Bismarck mit nach Italien.

Wie die Leute behaupten, ist Fürst Bismarck überall in Europa dabei; besonders soll er die Feste in Italien angestiftet haben. Nun hat er es im Fuß und kann sie nicht einmal mitmachen.

Kanzler's Ruh'.

Seh' ich euch wieder, heil'ge Buchenhallen,
Grüß' ich dich wieder, ährenwogend Feld?
Wie lieblich mir der Heerde Glöcklein schallen,
Wie süß hier träumt sich's, fern der großen Welt!
Kein Meuchler folgt mit tückischer Geberde
Und kein Reporter mir durch Flur und Hain.
Ich sing': O wunderschön ist Gottes Erde,
Und werth, darauf — einmal weiter nichts als ein
von der Politik ungeschorener, einfacher Mensch zu sein!

Schon reift die Saat dem Erntetag entgegen,
Gedengelt wird die Sense schon zum Schnitt;
Bald fährt zur Tenne goldner Garben Segen,
Die Schnitter tanzen, und — Ich tanze mit.
Was zirpst du, Grill? Ich will das Tänzlein wagen,
Die feiste Großmagd will ich schwenken kühn.
Ich sing': Wer wollte sich mit Grillen plagen,
Solang' ihm — frei von Pfaffengezänk, Klagen und
Intriguen, des Friedens Freuden blühn!

Ich streif' durchs Feld und schau' die guten Hirten,
Wie sie getreulich hüten Rind und Lamm;
Ich schau', wie sie die Schäflein, die verirrten,
Hinleiten wieder zu der Heerde Stamm.
Noch gibt es gute Hirten, trotz der Schächer —
Denk' ich und sing', wenn Mittags heim Ich kehr':
Bekränzt mit Laub den lieben vollen Becher,
Und trinkt ihn — auf das Wohl aller Braven, des
deutschen Vaterlandes und einer glücklichen
Zukunft fröhlich leer!

Die schwarze Zunft mit ihren Helfershelfern,
Die dringt nicht zu Varzins Einsiedelei;
Nicht hör' ich hier den kleinen Windthorst belfern,
Hör' nicht des Polen ew'gen Schmerzensschrei.
Wenn Falk im dumpf'gen Parlamentsgebäude
Sich quält, so träll'r Ich am friedsamen Herd:
Vom hoh'n Olymp herab ward Uns die Freude —
Ward mir der holde Friedenstraum von einer Zeit, da
der Krieg wider Rom beendet ist, bescheert.

Beim ersten Hahnschrei spring' ich aus den Daunen —
Was Disraeli und Lord Derby sprach,
Und wenn darob die Völker rings erstaunen,
Hier stört's mich nicht, hier kräht kein Hahn danach!
Und hätt' der Papst Mir Fluch und Tod geschworen,
Ich sing' doch meinen Segen über ihn:
Ja — sind wir nicht zur Herrlichkeit geboren?
Und sind Wir nicht, trotz Vatican und Jesuiten, gar
schnell emporgediehn?

Doch Abends, wenn sich dichte Nebel senken,
Unheimlich schwirren Kauz und Fledermaus,
Muß manchmal Ich der nächt'gen Feinde denken,
Die sich verschworen zu des Reiches Graus.
Daß Pech und Schwefel auf die Bösen träufel',
Und sie vernichte meines Zornes Strahl!
Ich singe: Fünfmalhunderttausend Teufel —
Die mögen sie holen fünfmalhunderttausendmal!

Die Rückkehr des Fürsten Bismarck aus Varzin erfolgte erst am 20. November.

Einer gewissen Partei ins Stammbuch.

Mit den Köpfen wollt ihr Ihn umstürzen? Ihr werdet sie euch höchstens einrennen!

— — —

Bismarck ohne Gehalt oder der unvorsichtige Hasselmann.

In der Reichstagsitzung vom 23. November machte der Abgeordnete Hasselmann dem Reichskanzler Fürsten Bismarck den Vorschlag, er möchte doch, ein gutes Beispiel in dieser brotlosen Zeit gebend, auf sein Gehalt von 54,000 Mark verzichten.

Das war von Hasselmann eine große Unvorsichtigkeit. Um ihn davon zu überzeugen, wollen wir ihm im Perfectum vorführen, was er als Futurum begehrt hat.

* * *

Der Kanzler hatte, von Hasselmann überredet, auf sein Gehalt verzichtet. Er arbeitete gratis für das Reich weiter. Da es aber ein schlechtes Kohljahr gewesen und aus dem Sachsenwald auch nicht mehr viel herauszuhauen war, mußte er sich auf's Aeußerste einschränken. Er aß in der Volksküche und brachte seine Abende in kleinen Kneipen der Rosenthaler Vorstadt zu. Da er aber fortfuhr, nicht auf den Mund gefallen zu sein, so gewann er durch persönlichen Verkehr einen großen Einfluß unter Leuten des vierten Standes.

*

Um seinem Einkommen etwas aufzuhelfen, gab Bismarck eine Zeitung heraus, die er einfach „Das Steinöl" nannte. Sie war zunächst für Arbeiterkreise bestimmt, gewann aber auch in anderen Kreisen einen enormen Einfluß. Bismarck, der früher durch die nichtsnutzigen officiösen Federknechte zu einem Feinde der Presse gemacht worden war, bewährte sich jetzt als ein höchst geschickter Literat. Er kam auf Dinge, auf die — so nahe sie vielleicht auch liegen — noch niemals vorher irgend eines der täglich in Berlin erscheinenden Blätter gekommen war: er brachte keinen langweiligen Leitartikel und keine confusen Correspondenzen. Sein „Locales" hatte nicht schon vor acht Tagen in anderen Blättern gestanden, und sein „Vermischtes" war nicht alten Volkskalendern und Pfennigmagazinen entnommen. Er vermied doctrinäre und lederne Feuilletons, weil er die für Berlin neue Entdeckung machte, daß ein Feuilleton um so besser sei, je weniger es an Chloral erinnere. Er gab sogar — welch ein unerhörter Neuerer! — etwas auf Styl und Diction.

In Folge dessen gewann Bismarck bald durch „Das Steinöl" einen großen Einfluß und nicht ganz geringe Einnahmen; denn sein Name zog noch immer.

*

Als Bismarck sich auf diese Art eine gute Unterlage bereitet hatte, ließ er von Zeit zu Zeit in der Volksküche die Aeußerung fallen, daß Hasselmann eigentlich zu viel Geld verbrauche. Das fuhr unter die Volksküchler wie Feuer in Baumwolle. Man fand alsbald Vielerlei an Hasselmann auszusetzen. Man wollte wissen, was er eigentlich arbeite. Man fand, daß er für das Geld, was man für ihn hergeben müsse, nicht genug leiste, da er nichts als alte und abgestandene Redensarten zu Tage fördere.

Unterdessen wurde Bismarck der Abgott des vierten Standes.

* *

Zu spät kam Hasselmann dahinter.

Eines Tages kam er in den Reichstag gestürzt und stellte den Antrag, dem Reichskanzler das doppelte Gehalt von früher auszuzahlen.

Umsonst. Der Kanzler, durch „Das Steinöl" wohlhabend geworden, konnte jetzt wirklich auf Gehalt verzichten. Für Hasselmann aber war es viel zu spät, sich durch einen solchen Antrag den vierten Stand wieder zu gewinnen. Er verlor nicht nur alles Ansehen und jede Unterstützung bei den Socialdemokraten, sondern auch sein Mandat im Reichstag. In unberühmtem Dunkel verscholl er.

* *

So würde es im Perfectum lauten, was Hasselmann von der Zukunft erhofft.

Und die Moral?

Für Hasselmann und Consorten ist sie nicht schwer zu finden.

1876.

Das nachfolgende Gedicht charakterisirt die gegen Bismarck intrignirende hochkonservative und orthodoxe Partei, welcher namentlich die Stellung Bismarcks zu den kirchlichen Fragen verhaßt war und die deshalb besonders in der Kreuzzeitung der ultramontanen Opposition offen oder versteckt sich anschloß.

Die Zitzewitze.

403 Namen befinden sich bereits unter der Anti-Bismarck Erklärung der Neuen Preußischen Zeitung. Auch nicht ein Name von Bedeutung ist darunter; dagegen kommt der Name Zitzewitz 15 Mal vor.

(Aus den berliner Zeitungen.)

Bismarck! Schaudr', erbleich, erschrick!
Welch fatales Mißgeschick!
In ein nettes Wespennest
Stachst du, das steht bombenfest.
Für dich sind vielleicht die Füller
Des Adreßbuchs, Schultz' und Müller;
Gegen dich — nun fall' vom Sitz! —
Ist das Genus Zitzewitz.

Die im Luch und die im Moor
Leihen deinem Wunsch kein Ohr.
Halten grade dir zum Tort
Das Scandalblatt weiter fort.
Eine Mandel Zitzewitze
Braucht dich nicht als Landesstütze.
Zitt'r', entfleuch! Denn wie der Blitz
Trifft der Zorn von Zitzewitz.

Otto, hätt'st du das gedacht,
Hätt'st du nicht den Lärm gemacht!
Kann ein Zitzewitz verzeihn,
Wenn er sich gekränkt fühlt? — Nein!
Sind die Zitzewitze schrecklich? —
Ja, weil ihre Zahl erklecklich.
Ach, da ist kein Mittel nütz'
Bei dem Genus Zitzewitz.

Bismarck! Zieh in deine Burg,
Denn jetzt bist du drunter durch!
Widme dich dem Kohle ganz,
Denn erloschen ist dem Glanz.
Einer Mandel Zitzewitze
Bietest du wohl nicht die Spitze!
Geh', verschwind' eilfert'gen Schritts,
Laß das Feld den Zitzewitz!

Der Cerberus des Friedens.

Der englische Schwerpunkt.

Bis. Nun, mit Ihnen ist gar nichts mehr zu machen!

Dis. Wissen Sie, der europäische Markt interessirt uns nur noch wenig. Wir werden wohl nächstens das ganze Geschäft nach Indien verlegen.

Die Orientalische Frage ist im Frühling d. J. durch den Thronwechsel in der Türkei, den Aufstand der Bulgaren und die Kriegserklärung Serbiens und Montenegros wieder in den Vordergrund getreten. Durch diplomatische Verhandlungen mit Gortschakoff und Andrassy suchte Bismarck zu Gunsten des europäischen Friedens das Drei-Kaiser-Bündniß zu festigen.

Mitte Juni war Fürst Bismarck wieder zur Kur nach Kissingen gegangen. Von dort hatte er sich später nach Varzin begeben, wo er bis gegen Ende November blieb.

Kissinger Marseillaise.

Beim Rakoczy zu singen.

Bismarcks Schlapphutunterfutter
Steht nun unter Glas und Rahmen,
Fleckenreich und fettig steht es.
Auf, ihr Herren! auf ihr Damen!
Wallt nach Kissingen und seht es!

Bismarcks Schlapphutunterfutter
Will ich nicht die Ruhe neiden;
Grüßen ja und Wiedergrüßen,
Dieses sind des Hutes Leiden,
Und das Futter muß es büßen.

Bismarcks Schlapphutunterfutter
Hätt' ich höher werth gehalten:
In der Wahlschlacht wildem Tosen
Als Standart' es zu entfalten —
Pfaffen hie, hie Ohnehosen!

Bismarcks Schlapphutunterfutter
Müßtest **Du**, von Knobloch schwingen,
Trotz der Gegner Wuth und Rasen
Unter ihm zum Siege dringen;
Schlachtruf: „Bismarck ohne Phrasen!“

Aus Kissingen.

Der Kanzler sitzt — er will es so —
Ganz einsam auf der Saline
Und ist darüber herzensfroh,
Man merkt's an seiner Miene.

Er trinkt den Brunnen früh um 4,
Den ersten Rothwein um 7:
„Wie angenehm ist's, daß ich hier
So ungestört geblieben!“

Der Mittag kommt: mit Weißem schon
Hat er vertauscht den Rothen.
Es naht sich Niemand; unter Droh'n
Hat er's direct verboten.

Am Nachmittag, als still er trinkt
„Kitzinger“ kühl vom Fasse,
Spricht er: „Ich sitze, wie mich dünkt,
Gar einsam bei diesem Nasse!“

Am Abende, da noch allein
Er sitzt auf der Saline,
Spricht er — wie könnt' es anders sein? —
Mit ganz verdrossner Miene:
Wenn sich doch irgend einmal ein Mensch
sehen ließe!

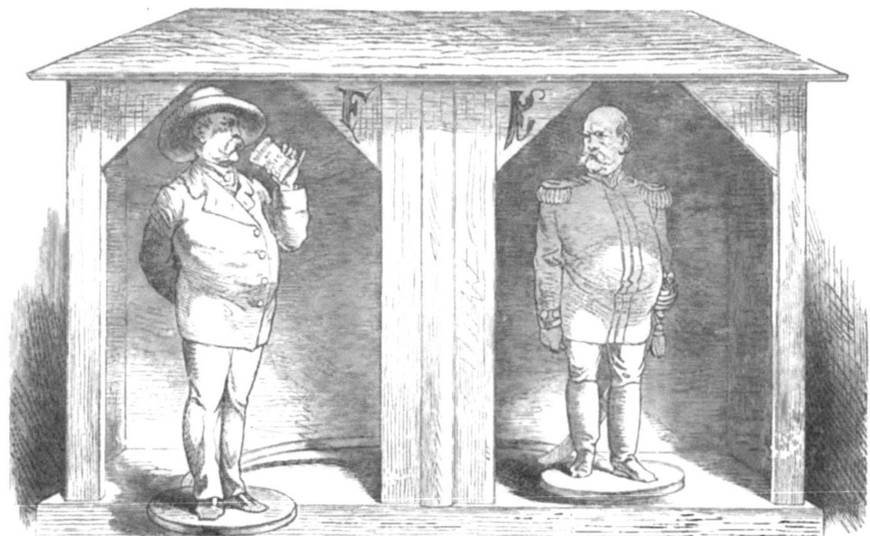

Solange Der mit dem Schlapphut draußen steht, bleibt gutes Wetter. Wenn aber der Andere herauskommt, ändert es sich.

Während der diplomatischen Verhandlungen mit Oesterreich, Rußland und England zerbrach man sich die Köpfe, welche Stellung Bismarck zu den Mächten einnehme.

In der nachfolgenden Humoreske „So ist er immer!" ist der ultramontane bayerische Abgeordnete Dr. Jörg verspottet, dessen Gewohnheit es war, die unverbürgtesten Gerüchte und Klätschereien im Reichstag vorzubringen, um sie zum Gegenstand von Interpellationen und Anklagen zu machen. — In Berlin harrte man noch immer vergeblich auf Bismarcks Rückkehr und sein Erscheinen im Reichstag.

So ist er immer!

I.

(Die Scene stellt die Behausung Bismarcks in Varzin dar. Ein einziger Raum. In der Mitte eine große knorrige Kiefer, welche das Dach trägt. Am Stamm eine rauhe, aber solide Bank; davor ein Tisch. Rechts der Kesselhaken, links ein Vorhang. Bismarck im Schlafrock. Jörg ist eingetreten.)

Jörg. Ich komme, Durchlaucht, um Ihnen im Namen des Centrums Vorwürfe zu machen —

Bismarck. Das thut nichts. Es freut mich, wenn nur überhaupt Jemand kommt. Wie finden Sie es hier?

Jörg. So, so!

Bismarck. Es ist so, wie Sie es in der Revue des deux mondes gelesen haben: „Im Norden Deutschlands wohnt auf einer weiten, mit Kiefern bewachsener Haide ein berühmter und furchtbarer Zauberer, den man den Einsiedler von Varzin nennt." Nun, dieser Zauberer und Einsiedler bin ich, und dies ist meine schlichte Zauberklause.

Jörg. Sie erinnert etwas an Hundings Saal.

Bismarck. Richtig. Die urgermanische Bauart: immer um den Baum herum.

Jörg. Hier ist wohl noch nicht geheizt?

Bismarck. Jetzt schon heizen, bei diesen Torfpreisen? Uebrigens ist es hier reichlich warm. Aber Sie fröstelн; darf ich mit einem alten Korn aufwarten? Eigenes Gewächs, 97%, Tralles!

Jörg. Das ist sehr stark!

Bismarck. Wir haben uns hier den alten guten Cours noch erhalten. Womit kann ich denn sonst dienen?

Jörg. Das ganze Centrum ist empört darüber, daß Sie in den ersten Sitzungen des Reichstages nicht anwesend waren.

Bismarck. Aber, Kinder, konnte ich denn? Noch nicht lange habe ich die letzten Kartoffeln aus der Erde, und nun mußte ich doch auch den Kohl erst unter Dach bringen. Uebrigens ist ja auch Lasker da.

Jörg. Wir wollen von Ihnen erfahren, welche Politik Deutschland in der orientalischen Frage befolgt, und wie wir mit Rußland stehen.

Bismarck. Kennen Sie Rußland persönlich?

Jörg. Das kann ich nicht behaupten.

Bismarck. Dann müssen Sie schnell die Schriften von Turgeniew in der Ursprache lesen. O, Rußland ist ein großes herrliches Land! Die Entfernungen sind dort unglaublich groß; aber das Fuhrwerk ist auch gut. Es giebt dort auch Bären.

Jörg. Ich habe schon vor zwei Jahren gesagt, daß das Zünglein der europäischen Waage sich in Rußland befindet.

Bismarck. Lassen Sie es doch ruhig züngeln! Das Züngeln allein hilft nichts; es muß gestochen werden. Dabei fällt mir etwas ein. (Treuherzig.) Sehe ich wirklich wie eine Boa Constrictor aus?

Jörg. Ich habe das nicht gesagt.

Bismarck. Pfui! Wer wird immer gleich die Anderen angeben!

Jörg. Kommen wir auf die orientalische Frage zurück! Die Verhältnisse sind dort in einer Weise verwickelt — —

Bismarck. Sie kennen den Orient?

Jörg. Ich war noch nicht dort.

Bismarck. Weil Sie so genaue Localkenntnisse entwickelten, glaubte ich, Sie wären einmal mit Stangen dort gewesen. Haben Sie noch eine Frage auf dem Herzen?

Jörg. Ich wollte Sie gerade fragen, ob von Ihnen die Aeußerung herrührt, die Wiedererwerbung der Reichslande sei ein politischer Mißgriff gewesen.

Bismarck. Nein; die ist nicht von mir, sie ist von Müller.

Jörg (scharf). Von welchem Müller?

Bismarck. Nun, von dem, der immer Abends da — wie heißt es doch? — sitzt. Sie müssen ihn ja doch kennen.

Jörg. Ich habe nun genug und gehe!

Bismarck. Ich komme Ihnen nach, sobald meine Zeit es erlaubt.

Jörg (sehr ernst). Ich sollte allerdings meinen, daß wichtige Angelegenheiten den Kanzler des deutschen Reichs in Berlin erwarteten!

Bismarck. Nun, das kann ich wohl sagen, daß ich gern recht bald den Wasserkönig im fahrenden Aquarium bei Salamonski sehen möchte. (Wehmüthig.) Ich habe ja so selten einmal ein Vergnügen!

Jörg. Ich empfehle mich.

Bismarck. Verfehlen Sie nur den Weg nicht! Erst geht es rechts, wo gar kein Weg ist, durch die Kiefern, dann bei dem ersten Eulennest links. Wenn

Sie da sind, wo die Wildschweine immer herauskommen, müssen Sie wieder rechts einschwenken. — Adieu, adieu, lieber Doctor!

* * *

II.

So weit war Jörg gekommen, als er erwachend die Entdeckung machte, daß Alles ein Traum gewesen. Vor seinem Bett stand Windthorst, der ihn zur Reichstagssitzung abholen wollte. Ihm erzählte Jörg seinen Traum. Darauf entwickelte sich unter den Freunden folgendes Zwiegespräch:

Jörg. Nun, was sagen Sie dazu?

Windthorst. Daß Sie sich nicht die Mühe geben sollen, von Ihm zu träumen. Hat es sich denn verlohnt? Haben Sie irgend etwas Vernünftiges von ihm herausbekommen? Ich hätte Ihnen vorher sagen können, wie es enden würde. So ist Er immer!

Die Sage vom deutsch-russischen Kriege.

Jörg sagt, daß der Bray sagt, daß Bismarck gesagt:
Mit dem Russen gehn nächstens wir ins Gericht

Nun, da Bray sagt, daß er nichts und Bismarck nichts gesagt,
Was sagt Jörg am Ende? — „Na denn nicht!"

Rudolfs Reisebericht.

In Varzin — sagt er —
Ist es fein — sagt er —
Doch gescheidt — sagt er —
Muß man sein, — sagt er —
Denn Er hat — sagt er —
Viel Verstand — sagt er —
Und Er wickelt Einen
Um die Hand.

Nach Berlin — sagt er —
Käm' er gern — sagt er —
Wären nicht — sagt er —
Manche Herr'n — sagt er —
Ihm im Wege; — sagt er —
Sind Die fort, — sagt er —
Bin ich augenblicklich
Wieder dort.

Und Er braucht — sagt er —
ne Partei, — sagt er —
Die gehorsam — sagt er —
Immer sei. — sagt er —
Seinen Lasker — sagt er —
Lieb' Er sehr, — sagt er —
Doch den biedern Windthorst
Noch weit mehr.

So weit wär' — sagt er —
Alles gut; — sagt er —
Drum nur immer — sagt er —
Ruhig Blut! — sagt er —
Denn dann hätt's — sagt er —
Kein' Gefahr, — sagt er —
Und Er wünsch' uns Allen:
Prost Neujahr!

* Bezieht sich auf den vielbesprochenen Besuch, welchen Rudolf von Bennigsen dem Fürsten Bismarck auf dessen Einladung in Varzin machte.

Der neue Paris.

Frei nach Carlyle.

Bekanntlich soll nach **Carlyle's** Vorschlag der orientalische Streit durch den Schiedsrichterspruch des Fürsten **Bismarck** geschlichtet werden.

1877.

In dem Blatte „Deutsche Reichsglocke" hatte eine aus reactionär-feudalen wie aus ultramontanen Persönlichkeiten gebildete Coterie sich die Aufgabe gestellt, den Fürsten Bismarck durch systematische Verleumdungen in seiner Ehre anzugreifen, indem er — anfangs durch versteckte Andeutungen dann immer offener — beschuldigt wurde, in wirthschaftlichen und Eisenbahnangelegenheiten seinen persönlichen Interessen in gewissenloser Weise gedient zu haben. Die gerichtlichen Verhandlungen brachten die ganze Ruchlosigkeit der gegen den Reichskanzler gerichteten Verleumdungen ans Licht.

— Zu dem Bilde „Brutus, du schläfst?" in Nr. 16. — Nachdem der Reichskanzler in der Sitzung am 14. März an der Discussion über die Nahrungsmittel-Verfälschung sich betheiligt hatte, blieb er bei den Berathungen über das „Reichsgericht" fern. Der Fürst hatte bei der Schaffung eines obersten deutschen Gerichtes Berlin als den Sitz desselben vorgeschlagen, doch sprach sich im Bundesrath die Mehrheit für Leipzig aus, und auch im Reichstage wurde die Vorlage, wonach Leipzig der Sitz des Reichsgerichtes werden sollte, von der Mehrheit angenommen.

Brutus, du schläfst?

Reichsgesundheitsamt. Das Befinden des Herrn Reichskanzlers hat sich bedeutend gebessert. Auch hat die bekannte Reichsschlaflosigkeit ungemein nachgelassen.

Anfangs April hatte Fürst Bismarck, mit Rücksicht auf seine erschütterte Gesundheit, dem Kaiser den dringenden Wunsch ausgesprochen, von seiner amtlichen Stellung im Reiche und in Preußen entbunden zu werden. Ernster als jemals wurde diesmal der drohende Verlust des Staatsmannes aufgefaßt und erörtert. Der Kaiser konnte sich nicht entschließen, das Abschiedsgesuch zu genehmigen, bewilligte aber vorläufig dem Fürsten wiederum einen längeren Urlaub. Das an den Reichstag gerichtete Schreiben Bismarck's über seine Beurlaubung gab Herrn v. Bennigsen Veranlassung zu einer Rede, in welcher die unermeßlichen Verdienste des Reichskanzlers hervorgehoben wurden.

Verlängerte Osterferien.

Nun wird wohl das Tanzen über Tische und Bänke bald losgehen!

Dem Scheidenden.

Du scheidest! — Mit des Amtes hoher Würde
Streifst von der müden Schulter Du die Bürde
Der Arbeit und der Sorgen schwere Last.
So geh', ist unerschütterlich Dein Wille;
Fern den Geschäften, wie Beatus ille,
Dich selber bannend in die traute Stille
Ländlicher Muße, halte gute Rast.

Was Du gewirkt — ein heiliges Vermächtniß,
Bewahrt's im unvergänglichen Gedächtniß
Ein dankbar Volk im Herzen fort und fort.
Im Frieden spätrer glücklicherer Zeiten
Wird mancher Groll und all' das bittre Streiten
Darob des Tags Parteien sich entzweiten,
Ausklingen in harmonischem Accord.

Und Du, der von des tobenden Kampfs Gefilde
Zur Stätte, wo der F r i e d e wohnt, der milde,
Und die Versöhnung, setzet jetzt den Fuß:
Die kecken Streites sich mit Dir vermessen,
Die, wo die Spötter sitzen, oft gesessen —
Ein groß' V e r g e b e n und ein mild V e r g e s s e n
Für alle Diese sei Dein Scheidegruß!

Dem Scheidenden — so will's die alte Sitte —
Versagt man nimmer eine letzte Bitte;
Sei, wie Du g r o ß bist, g u t und wage sie:
Für A l l e, die — was schwer im Kampf zu meiden —
Ob auch mit Recht verdiente Strafe leiden,
Sprich D e i n e m K a i s e r l i c h e n H e r r n beim Scheiden
Ein gütig Wort für Jene: **Amnestie!**

Dem Bleibenden.

Zu widerrufen, was ich jüngst gedichtet,
Ist mir ein Werk, so leicht von mir verrichtet,
Als sauer mir zu sagen ward: Farewell!
Die Augen noch vom Abschiedsthau befeuchtet,
Fühl' ich, wie Freude mein Gesicht beleuchtet.
Dank, Götter, euch, die das Gewölk ihr scheuchtet!
Nun ist mein Himmel plötzlich wieder hell.

Ein Urlaub nur, auf Monde nur, vor Schaden
Das Reich zu wahren, noch durch einen Faden
Mit Ihm verknüpft, das ist ein ander Ding!
Wenn das Sein Will' ist, wollen wir's bewill'gen,
Es ist uns Pflicht, um unsre Schuld zu tilgen;
Doch mehr als Dieses können wir nicht bill'gen —
Es wäre nicht gegangen, daß Er ging.

Verschwunden ist die Nacht der finstren Sorgen,
Und wieder strahlt ein angenehmer Morgen,
Als froher Bote des verjüngten Lichts.
Hier wird gejubelt, dort verschämt bedauert,
Dort offen gar verzweiflungsvoll getrauert;
Die lange schon auf Deinen Sturz gelauert,
Sie seufzen trüb': „Ach, es war wieder nichts!"

Nun bitt' ich Dich um Eines noch: Bewahre
Mein letztes Blatt; denn in dem Lauf der Jahre
Kehrt oft der Fall noch wieder sicherlich.
Dann will ich, statt aufs Neue mich zu üben
Im Versgebrauch — auf das, was ich geschrieben
Verweisen Dich, als damals Du — geblieben!
Leb' wohl! Sei gut! Und denk' auch 'mal an mich!

Er bleibt und schaut dem Weltgetriebe
Gemüthlich zu aus Pommerns Fern',
Wie sich bekämpfen Haß und Liebe,
Die großen und die kleinen Herrn.
Er streckt behaglich aus die Glieder;
Doch tönt der Ruf: „Pro patria
Ermanne dich und kehre wieder" —
Dann ist gewiß Er wieder da.
Dann möge — gönnt drum, daß er raste —
Er einziehn froh und wohlbeleibt
Zu frischem Werk im Reichspalaste! —
Er geht — ade! — Er kommt — Er bleibt!

In der Krisis.

Germania Gretchen. Er flieht mich,
Er flieht mich nicht,
Er flieht mich doch,
Er flieht mich — aber nur
auf Urlaub!

Reichstagsöffnung vom 30. April.

Abgeordneter Dr. Wehrenpfennig. — — — dann sind 50,000 Mark gefordert für eine Vorrichtung, damit der Reichskanzler, wenn er aus seinem Arbeitszimmer im neuen Reichskanzleramt in den Garten tritt, der von Häusern umgeben ist, nicht von Dutzenden von Personen lorgnettirt werden kann.

Philister-Seufzer.

Bismarck, was machst du?
Schläfst oder wachst du?
Weinst oder lachst du?

Bist du dem Russen noch immer gewogen?
Fühlst du zu England dich hingezogen?
Willst du für Carol Partei ergreifen?
Sollen auch wir bald die Schwerter schleifen?
Bismarck, was scheint dir?
Durchlaucht, was meint ihr?

Ach, mir ist gar so überschwänglich
Bänglich und dränglich jetzt zu Muthe,
Und ich verwünsche die russische Knute,
Wie ich verfluche des Krieges Ruthe.

Muß ich nicht bang in die Zukunft blicken?
Kann sie uns Andres als Unheil schicken?
Ach, wohin ich die Augen auch wende,
Krieg und Verwicklung und kein Ende!

Bismarck was machst du?
Schläfst oder wachst du?

Gestern am Biertisch hört' ich mit Grausen,
Müde des Amts sei auch Herr Camphausen,
Item vor seinem Ministerpulte
Schwanke erschüttert der Herr der Culte.

Bismarck, wo träumst du?
Bismarck, was säumst du?

Drohend aufs Neu' an des Staatsschiffes Wandung
Schlägt des Culturkampfs schreckliche Brandung,
Und auf die Wogen schauet mit Spannung
Schier in Verzweiflung des Schiffes Bemannung.

Bismarck, du theurer
Muthes-Ernen'rer,
Komme als Steurer!

Ach, ich erkenne mit zitternder Seele,
Daß mir der Rath, der gewaltige fehle,
Und aus des Herzens innerstem Grunde
Ruf' ich hinaus mit klagendem Munde:

Bismarck, wo bleibst du?
Denkst oder schreibst du?
Gehst oder bleibst du?
Weinst oder lachst du?
Schläfst oder wachst du?
Kanzler, was machst du?

— —

— Zu dem folgenden Bilde aus Nr. 52.

Der Handels- und Zollvertrag zwischen Deutschland und der österreichisch-ungarischen Monarchie, welcher viele Jahre bestanden hatte, wurde 1877 gekündigt und konnte vorläufig nur durch Verlängerungsfristen und provisorische Vereinbarungen nothdürftig ersetzt werden.

's ist ein Vertrag ins Wasser gefallen,
Hab' ihn hören plumpen! Altes Lied, neues Leid.

Das zwischen Oesterreich und Deutschland zerschnittene Tischtuch soll, der „Appretur" wegen, allen Bemühungen zum Trotz nicht mehr zusammenzunähen sein.

Der erkannte Bismarck.

„Professor Rösler in Rostock schreibt: eine außerordentliche staatsmännische Capacität ist Fürst Bismarck nicht."
Windthorst-Meppen.

Mit Schrecken les' ich's und mit Grauen,
Es überläuft mich kalt und heiß;
Darf ich noch meinen Augen trauen?
Und doch, da steht es, Schwarz auf Weiß!
Und wie des flücht'gen Sturmes Wehen
Ging schon die Kunde durch das Land —
Schwer wird mir's, doch ich muß gestehen:
O Otto, du bist bös' erkannt!

Herr Windthorst war's, der rüst'ge Kämpfer
Für Wahrheit, Recht und Allerlei,
Der sprach: Vonnöthen ist ein Dämpfer
Der blinden Bismarckschwärmerei.
Noch täglich muß ich leider hören,
Daß man von ihm als Staatsmann spricht;
Ich will den holden Wahn zerstören:
Ein Staatsmann? Nein, das ist er nicht!

Ich weiß, er ist nicht ohne Gaben —
Wer hat nicht Etwas, das ihn ziert? —
Er mag für Sect Verständniß haben,
Auch für Cigarren — concedirt!
Man sagt, er soll nicht übel reiten
Und treibt des Waidwerks edlen Sport,
Und ab und an im Lauf der Zeiten
Gelingt ihm ein geflügelt Wort.

Allein ein Staatsmann? Nein! Den Frommen
War diese Wahrheit nicht mehr neu;
Nun aber ist der Mann gekommen,
Der sie verkündet ohne Scheu:
Professor Rösler hat gesprochen,
Der Rostocks Alma Mater schmückt;
Heil uns! Er hat den Bann gebrochen,
Der schwer das ganze Land gedrückt!

Den falschen Kranz erborgter Größe
Riß er Ihm ab mit kühner Hand;
Nun steht in überraschter Blöße
Der Kanzler da — er ist erkannt!
Mich selbst wollt' Mitleid fast bewegen,
Obwohl er nimmer mir war hold —
Doch fort mit dir, du weiches Regen;
Es ist Ihm recht, Er hat's gewollt!

Er wagte viel der Welt zu bieten,
Und Mancher sprach ihm gläubig nach;
Nun kam im Land der Obotriten
Die Wahrheit doch noch an den Tag! —
So sprach des „wahren Rechts" Verfechter,
Der Wahrheit kühner Champion;
Er sprach's — homerisches Gelächter
War, wie fast stets, des Redners Lohn.

Bismarck am Telephon.

Ein pommer'sches November-Idyll.

Drei Uhr Nachmittags war's; schon grüßte mit matteren Blicken
Helios Pommerns Gefilde, dem Ziel sich nahend der Reise,
Siehe, da saß im erwärmten Gemach der gewaltige Kanzler,
Froh des genossenen Mahls; auf schön durchbrochenem Tische
Stand mit dem Rest noch die Flasche, die bauchige, die der Champagne
Kundige Söhne gefüllt mit dem Nektar sterblicher Menschen.
Langsam schlürfte der Herrscher Varzins; die Durchlauchtige Linke
Hielt das geglättete Rohr der weithinragenden Pfeife,
Der er gewaltige Wolken entsog und gekräuselte Ringe.
Vor ihm lagen die Mappen gehäuft, die der eilende Bote
Gestern gebracht von dem fernen Berlin; drin ruhte gar manches
Klüglich erdachte Gesetz, das die Ordnung gründet der Kreise,
Bei der vergänglichen Schaar der ersprießlichen Steuerprojecte.
Aber es rührte verständigen Sinns der gefürchtete Kanzler
Nicht an der Mappen Verschluß; behaglich sah durch die blauen
Wolken ins Land er hinaus — so schaut von dem Haupt des Olympos
Milde Kronion hinab aus dem lichten Gewölke des Lenzes.
Siehe, da trat leichtgleitenden Schritts in die Thüre der Diener,
Neigte sich tief und meldete dann, am Thore des Schlosses
Ständen drei Männer, gesandt von dem vielerfindenden Stephan.
Freundlich nickte der Fürst, und Jener enteilete. Tief sich
Neigend erschienen sogleich die trefflichen Jünger des Mannes,
Welcher erfindenden Sinns dem lieblich tönenden Posthorn
Und dem galvanischen Strom in den Gränzen gebietet des Reiches,
Doch in den Stunden der Muße betreibt der verdorbenen Sprache
Reinigung er und den grausigen Mord des verdächtigen Fremdworts.
Zierliche Kästlein trugen die Drei und blankes Geräthe,
Und es begann mit der Rede der Aelteste drauf — ein „Geheimer'
War er, ihm schmückten das Tuch des Gewands hellstrahlende Orden.
Dieser begann mit der Rede, gespannt aufhorchte der Kanzler:
„Durchlaucht nahen wir uns mit dem sinnig erfundenen Werkzeug,
Welches das flüchtige Wort in unendliche Ferne vermittelt
Schnell wie der Blitz; Telephon meist nennt es moderne Verbildung,
Doch in der Sprache des Dienstes, der reinlichen, wurde das Werkzeug
„Fernhinsprecher" getauft. Wir nahen mit ihm und der Bitte
Durchlaucht wollen mit eigenem Ohr das gepriesene Wunder
Jetzo versuchen. Hier hab' ich den Draht, deß' anderes Ende
Mündet im fernen Berlin im Sitzungssaale des Landtags." —
Freundlich nickte der Fürst; dem geglätteten Kasten enthob drauf
Jener ein zierliches Rohr, dem ähnlich, welches der schwer nur
Hörende Sterbliche braucht, die zerflatternden Töne zu sammeln,
Knüpfte das Ende des Drahtes daran und reicht' es dem Fürsten.
Dieser erhob es zum Ohr und lauschte gespannt in die Mündung.
Heller und heller erschien sein Gesicht, dann sprach er mit Lachen:
„Wirklich, es geht! Wer hätte gedacht, im friedlichen Pommern
Je zu vernehmen die Rufer im Streit in dem Saale des Landtags;
Wirr erst klang es, wie Brausen des Meers, wenn der herbstliche Nordwind
Drängt ans Gestade die Flut, doch deutlicher werden die Töne.
Jetzo erkenn' ich das scharfe Organ — fürwahr es ist Windthorst!
Ueber den Nothzustand und die gräuliche Kirchenverfolgung
Spricht er, natürlich voll Ernst; dazwischen ertönen des Lachens
Schallende Salven, erquicklich dem Ohre des gläubigen Witzbolds!
Jetzt bricht er ab, ein Andrer versetzt mir den Draht schon in Schwingung.
Das muß Schorlemer sein! Haha, da tönt schon die Glocke
Gellend dazwischen, ernst redet ihm zu der verständige Rudolf.
Jetzt noch Lasker sogar? Hilf Himmel, das wird mir bedenklich!
Zwei Minuten noch setz' ich daran, dann schließ' ich für heute;
Lasker ist brav, doch ergeht er sich oft in bedenklicher Länge!
Doch was ist das? Wo will er hinaus? Er rückt mir den Welfen-
Fonds auf den Leib? Längst könne der Staat schon seiner entrathen,
Lauter ertöne die Stimme des Landes, es könne nicht ferner
Mehr so bleiben; gefährdet schon sei die Moral der Regierung!
Sicherheit müsse man haben, daß nicht — — er spreche im Namen
Seiner Partei! — — — Ich danke, Ihr Herrn, für diese Erfindung,
Welche die friedlichen Tage mir stört des erquicklichen Urlaubs!" —

Sprach's und warf auf den Boden mit Macht die gedrechselte Röhre,
Daß sie zerbarst, und in Wimmern erstarb die gediegene Rede.
Zornig bäumte sich auf das dreigetheilte Vermächtniß,
Welches das scheidende Haar auf dem mächtigen Haupte zurückließ;
Aber wie Donnergepolter ertönt' es unter dem Schnauzbart:
„Packen Sie ein, meine Herren, und sagen Sie Stephan, ich danke,
Danke recht sehr für das Ding! Adieu, und glückliche Reise!" —

Zagend enteilten dem hohen Gemach die verdrießlichen Männer,
Die mit dem Fernhinsprecher gesandt der erfindende Stephan.
Aber der Kanzler ergriff voll Unmuths wieder die Pfeife:
Mächtige Wolken verstreut' er ringsum, draus blickt' er hernieder,
Wie von dem Haupt des Olymps der Gebieter der Götter und Menschen,
Wenn aus dem dunkeln Gewölk er die zündenden Blitze versendet.

Auf der Durchreise.

Unser auswärtiger Minister. Warten Sie einen Augenblick hier, lieber Doctor; ich will nur schnell die inneren Reichsangelegenheiten ordnen. Ich bin sofort wieder bei Ihnen.

1878.

Erst am 14. Februar, nach zehnmonatlicher Abwesenheit, war Bismarck nach Berlin zurückgekehrt. Auf eine Interpellation des Herrn v. Bennigsen über die Stellung der Regierung des Reiches zu den Ereignissen im Orient gab der Reichskanzler am 19. Februar jene Erklärung, in welcher die vielzitirten Worte vorkamen: Als Friedensvermittler würde er nicht das Amt eines Schiedsrichters übernehmen wollen, sondern sich mit der bescheidenen Rolle „eines ehrlichen Maklers" begnügen, der das Geschäft wirklich zu Stande bringen will. —

Am 22. Februar folgte darauf die Berathung des Gesetzentwurfes über die Besteuerung des Tabaks. Der Reichskanzler erklärte hierbei in seiner Rede: er halte es nicht für überflüssig, offen zu bekennen, daß er „dem Monopol zustrebe." Er bemerkte dabei mit Bezug auf den Finanzminister Camphausen: derselbe habe ihm erst unlängst seine Neigung kundgegeben, sich aus dem Dienste Preußens resp. des Reiches zurückzuziehen, falls er (Bismarck) den leisesten Wunsch in dieser Richtung äußerte: es läge aber augenblicklich kein Grund vor, daß er von einem solchen Kollegen sich trennen sollte.

— Am 5. März war im Reichstag der Gesetzentwurf betreffend die Stellvertretung des Reichskanzlers zur Berathung gekommen. Fürst Bismarck hatte hierbei gegen den Abg. Lasker die Bemerkung gemacht: demselben schiene „das Ideal einer gewissen Zerfahrenheit der Exekution vorzuschweben." Lasker wies diese Deutung seiner Worte in sehr entschiedener Weise zurück, was dem Reichskanzler Veranlassung zu nochmaligen Angriffen gab, auf welche auch wieder Lasker replizirte.

Was sich liebt, das neckt sich.

L. Ich bin es ja gar nicht gewesen; es hat ja in der Volkszeitung gestanden.
v. B. Nun, dann wollen wir uns wieder vertragen.

Die Einzelstaaten und Ressort-Vertretung des Kanzlers.

Aus der Parodie: Saul und David im Reichstag.
David Lasker. — — Wie heißt?
Ich soll Ihm singen und Er schmeißt?

Monopolbrand.

Lasker und Bismarcke, mit Fortschrittsspitzen.

Im preuß. Ministerium hatte die schon im Oktober 1877 begonnene Krisis bis in den März d. J. fortgedauert. Der Minister des Innern, Graf Fritz zu Eulenburg, hatte im Oktober seine Entlassung erbeten und erhielt einen sechsmonatlichen Urlaub. Da die Verhandlungen mit Herrn v. Bennigsen (Dezember, in Varzin) an dessen im Interesse der liberalen Parteigrundsätze gestellten Forderungen gescheitert waren, wurde Eulenburg zunächst durch den Landwirthschaftsminister Dr. Friedenthal vertreten, bis später ein Neffe Eulenburg's, Graf Botho von Eulenburg, definitiv ernannt wurde.

Zum Vicepräsidenten des Staatsministeriums wurde Graf Otto zu Stolberg-Wernigerode ernannt.

In seiner Rede am 28. März über die Einsetzung eines Eisenbahnministeriums hatte Bismarck auseinandergesetzt, daß es nothwendig sei, das Handelsministerium in die Hände eines besonders in Eisenbahnsachen kundigen Ministers zu legen. Die Errichtung eines besonderen Eisenbahnministeriums wurde jedoch abgelehnt, ebenso die Abzweigung der Forst- und Domänenverwaltung vom Finanzministerium.

Im März erfolgte der Rücktritt des Finanzministers Camphausen und an seine Stelle trat der bisherige Oberbürgermeister von Berlin Hobrecht. (Vgl. das Bild „Der Traum Pharao's".) Am 30. März wurde die Landtags-Session geschlossen und am nämlichen Tage nahm auch der Handelsminister Dr. Achenbach seine Entlassung.

Der Traum Pharao's.

Auf den bisherigen fetten Finanz-Minister folgt nunmehr der magere!

In der Krisis.

— Na, wird denn das Ding 'mal zu Stande kommen?

— Ja, wenn ich die Puppen herausnehme, die gar nicht mehr tanzen wollen, und dafür andere einsetze, werden sich bald alle wieder nach dem Takt drehen.

„Der Vogelfänger bin ich ja" u. s. w.

Da sich sowohl für die Stellvertretung als für die krank gewordenen Minister die geeigneten Persönlichkeiten nicht recht finden lassen wollen, legt der Reichskanzler sich in den Hinterhalt, stellt seine Netze aus, streut den passenden Köder und wartet nun in Ungeduld, was er fangen wird.

Endlich erwischt der Kanzler für den aus dem Ministerium des Innern entflohenen Vogel einen andern, ganz ähnlichen, und fängt zugleich auf dem Rathhausthurm einen für das Finanz-Ministerium.

Noch während der Reichstagssession, am 11. Mai, geschah das mörderische Attentat Hödel's gegen den Kaiser Wilhelm. Fürst Bismarck hatte sofort von Varzin aus Weisung zu einer Gesetzesvorlage gegen die Sozialdemokratie gegeben und schon am 14. Mai wurde der Regierungsentwurf dem Reichstage vorgelegt, von diesem aber mit sehr großer Mehrheit (241 gegen 57 Stimmen) abgelehnt. Die Reichstagssession wurde gleichzeitig geschlossen, da setzte das neue Attentat Nobiling's, am 2. Juni, alle Theile der Bevölkerung in Schrecken. Hiernach wurde der Reichstag aufgelöst und die Neuwahlen für den 30. Juli angesetzt.

Dazwischen hatte Fürst Bismarck (13. Juni bis 13. Juli) die Verhandlungen des Berliner Kongresses geleitet und kehrte nach Beendigung derselben nach Varzin zurück.

Reichstags-Prognostikon.

Friß Vogel, oder stirb!

Geschichte einer Times-Correspondenz.

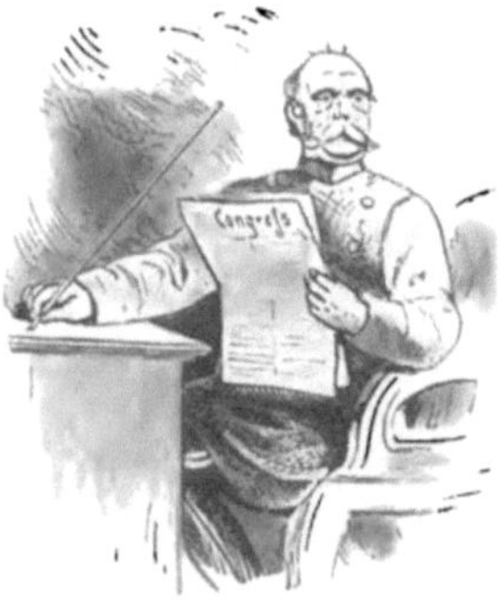

So einen Interviewer wollte ich schön! — — — Das heißt, jetzt käme so Einer mir gerade gelegen.

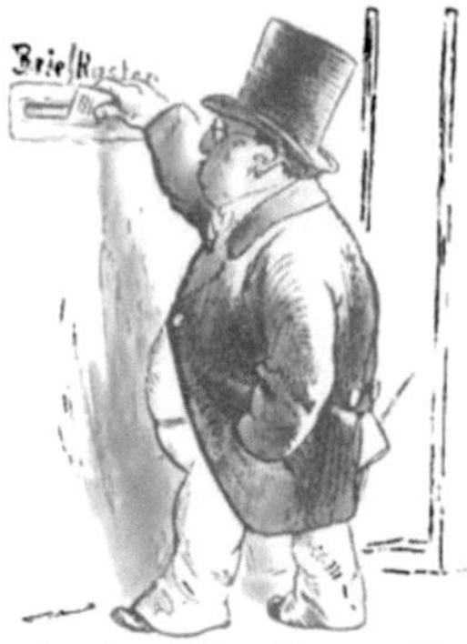

Sollte denn bei dem Mann gar nichts zu machen sein? — Was kann's schaden? Ich gebe die Karte ab und warte!

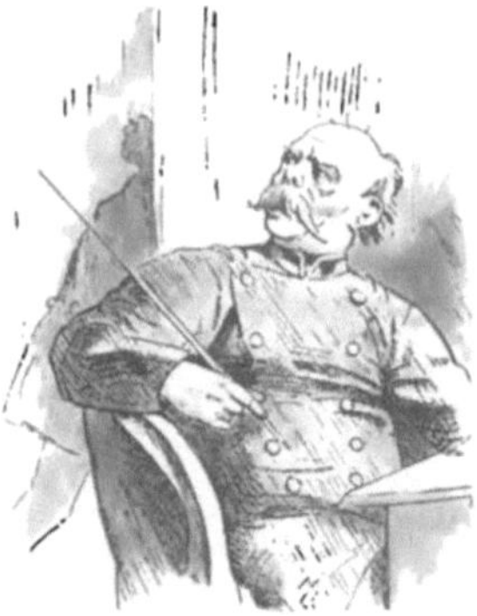

— Jetzt warte ich schon den ganzen Tag auf den Monsieur, und er kommt nicht! Man soll ihn schnell zum Thee einladen.

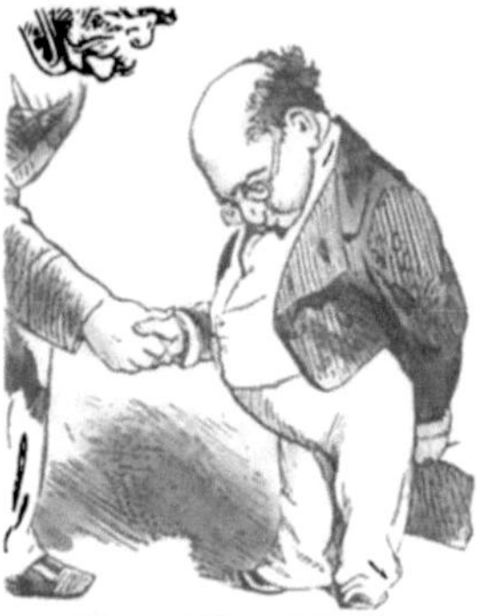

— Ah, guten Abend, haben Sie was zum Notiren mitgebracht?

— Ich behalte Alles im Kopf, er ist ja dick genug.

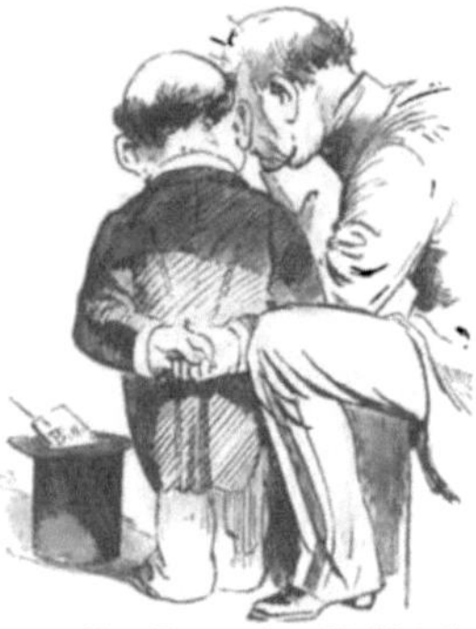

— Aus Thee machen Sie sich doch wohl nichts? Da wollen wir lieber bei mir ganz ungestört etwas plaudern.

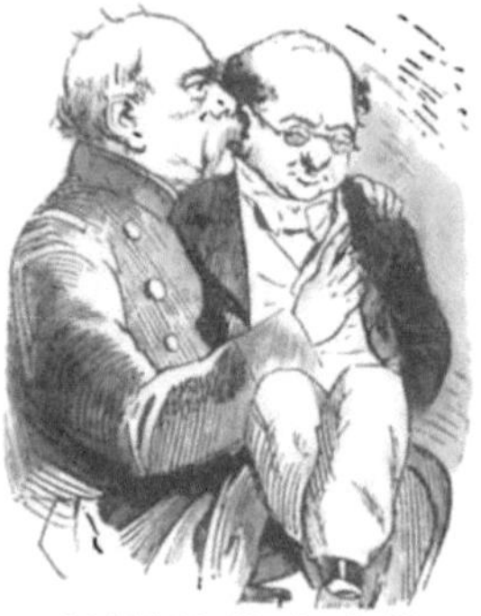

Er inspirirt schnell den famosen Times-Artikel und überläßt die Ausführung dem Tact des Interviewers.

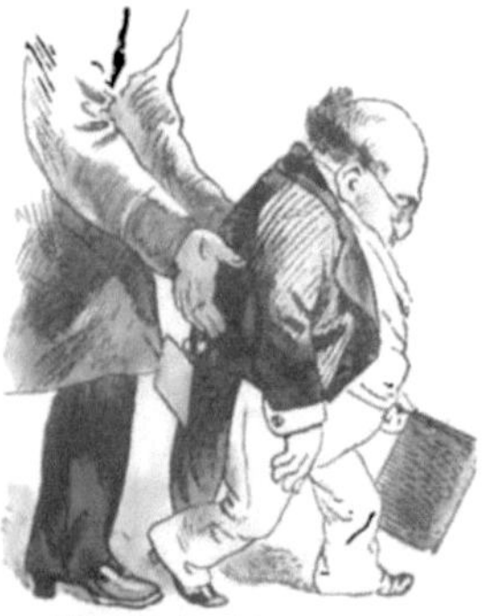

Adieu! Plaudern Sie nichts von unserer Unterredung aus; schicken Sie mir aber sogleich die Nummer, in welcher sie erscheint.

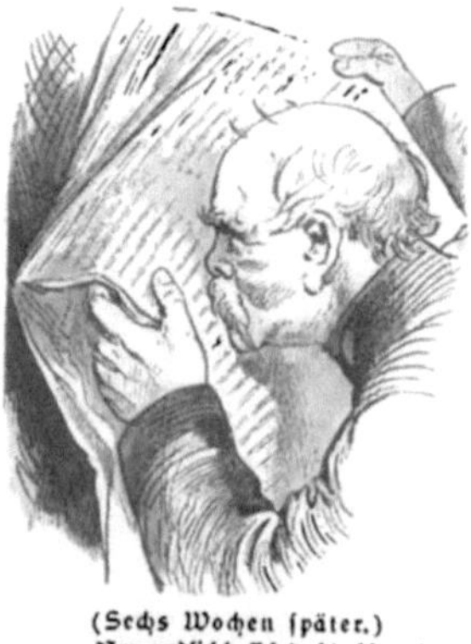

(Sechs Wochen später.)

— Nun endlich! Ich dachte schon, der — — Monsieur könnte vor lauter Discretion nicht mehr schreiben!

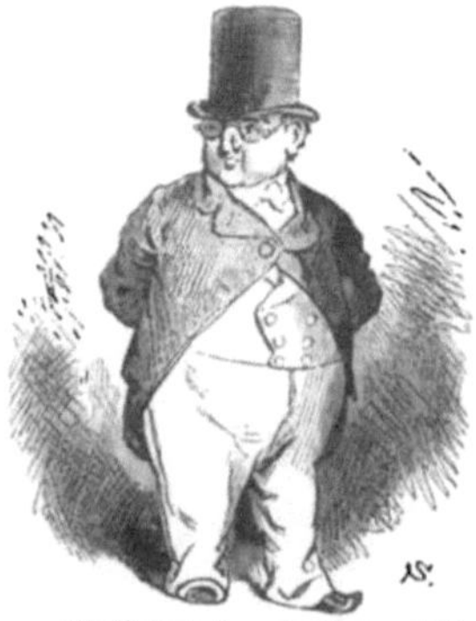

Ich bin doch ein großer Mann. Jetzt mache ich aus dem Einen noch zwei Artikel, und dann schaue ich mich nach einem Andern um. (Er sieht scharf nach Wien.)

Modus vivendi.

Pontifex! Nun, bitte, geniren Sie sich nicht!
Kanzler. Bitte gleichfalls!

Der Pfeil ist auf die Socialdemokraten gerichtet; wie aber, wenn er über das Ziel hinausfliegt?

Der neu gewählte Reichstag wurde am 9. September eröffnet und am 16. September begann die erste Lesung des demselben vorgelegten Socialistengesetzes. Am zweiten Tage nahm Fürst Bismarck an den Berathungen theil und ward der Gesetzentwurf an eine Kommission gewiesen. Am 9. Oktober kam der Entwurf aus der Kommission vor das Plenum des Reichstages und wurde am 19. Oktober mit 221 gegen 149 Stimmen angenommen. Gegen denselben stimmte u. a. außer der Mehrheit der Fortschrittspartei auch die gesammte ultramontane Partei.

In dem Bilde in Nr. 49 „Vorgesehen!" trägt Bismarck als Lastträger auf seinen starken Schultern das Ausnahmegesetz, damit an die Köpfe der „Liberalen" stoßend.

Das darunter stehende Bild — in Nr. 42 — weist bereits auf das „Reichstags-Menu" der folgenden Session mit den in Bereitschaft gehaltenen zollpolitischen Vorlagen hin. — Nach Annahme des Socialistengesetzes wurde die Session von 1878 am 19. Oktober geschlossen.

Zur Warnung.

Das arglose Marienkäferchen hat mit dem schädlichen Coloradokäfer eine solche Aehnlichkeit, daß es häufig mit diesem verwechselt und arg zugerichtet wird.

Vorgesehen!

Reichstags-Menu.

Koch. Wenn wir nicht hiermit reichen sollten, haben wir noch etwas Confect zum Nachessen.
— Nicht reichen? Sie werden im Gegentheil noch Manches zurückbehalten!

Wie der zukünftige Reichstag aussehen wird,

wenn viele Candidaten dem Beispiel des Herrn Reuleaux folgen, und der Kanzler ein genügendes Contingent an „persönlich ihm Nahestehenden" stellen kann.

Im Jahre 1878 erschien das Buch „Graf Bismarck und seine Leute während des Krieges mit Frankreich" von Moritz Busch. In dem Buche sind bekanntlich neben manchen beachtenswerthen Mittheilungen die unbedeutendsten und nichtssagendsten Dinge in großer Menge angehäuft.

Vom großen Otto und dem bösen Moritz.

Als Graf Bismarck zog gen Frankreich
In dem Jahr voll Blut und Eisen,
Nahm er mit sich klugen Sinnes,
Was man ungern mißt auf Reisen.

Ja, auf Reisen haben Manches
Nöthig Grafen selbst und Fürsten,
Zum Exempel: Unterhosen,
Taschentücher, Kämme, Bürsten.

Unter allen diesen Dingen
Nahm er mit sich einen Knaben,
Dem die ahnungslosen Eltern
Einst den Namen Moritz gaben.

Auf der Fahrt durch Frankreichs Gauen
War das Amt es dieses bösen
Moritz, die Depeschenchiffren
Mit dem Schlüssel klug zu lösen.

War am Tag er fleißig, durft' er
Abends sich zur Tafel setzen
Und an seines hohen Meisters
Weisen Reden sich ergetzen.

Wenn dann Nachts in ihren Betten
Lagen selbst die höchsten Spitzen,
Brauchte Moritz seines Körpers
Einen Theil noch spät zum Sitzen.

Bei der Lampe trautem Schimmer
Saß er oft noch, wenn es Viere
Schlug, und seines Meisters Dicta
Bracht' er sauber zu Papiere.

Als der große Krieg geendet,
Trat er wohlgemuth und heiter
Die gesammelten Notizen
Ganz in Muße etwas breiter.

Stückweis bot er dann die Reinschrift
Seines Werks der nimmersatten
Neugier unsres braven Volkes
In der „Gartenlaube" Schatten.

Daß dann spätere Geschlechter
Ihre Freude dran auch fänden,
Gab er Alles nochmals von sich
In zwei leidlich starken Bänden.

Und nun liest in froher Spannung
Man im Reiche allerorten,
Wie der Fürst sich einst in Frankreich
Aeußerte in That und Worten.

Ja, man liest, wie er ein zähes
Huhn im Magen schwer getragen,
Wie er dann zwei rohe Eier
Sich am Degengriff zerschlagen —

Wie er im Granatenregen
Oftmals sonder Furcht geritten,
Wie mit eigner Hand dem Posten
Nachts er einen „Knust" geschnitten —

Wie Paris zu bombardiren
Schwer nur mochte ihm gelingen,
Weil davor sich „Schürzen" stellten,
Die an hohen Beinen hingen —

Wie er freundlich denkt der Juden,
Und den „Christenhengst" zusammen
Wünscht mit schwarzgemähnten „Stuten",
Welche Juda's Blut entstammen.

Alles dieses und daneben
Interessanter Dinge hundert
Liest des Reiches biedrer Bürger,
Meist erfreut und oft verwundert.

Diese heimliche Verwund'rung
Wird vermuthlich sich nicht mindern,
Liest er, daß der Fürst bemüht war,
Jenes Buches Druck zu hindern.

Lächelnd sucht der brave Bürger
In des Reichsanzeigers Spalten
Ob der böse Knabe Moritz
Seinen — Orden schon erhalten.

1879.

Die Reichstagssession d. J. wurde zum größten Theil durch die Berathungen über die neue Zollgesetzgebung und Steuerreform ausgefüllt. Schon seit lange hatte Bismarck diesen Fragen seine wahrhaft wunderbare Arbeitskraft zugewendet. In erster Reihe stand für ihn dabei das Interesse der finanziellen Reform: Verminderung der direkten Steuerlast durch Vermehrung der auf indirekten Abgaben beruhenden Einnahmen des Reichs. Am 2. Mai kam der Gesetzentwurf, betreffend den „Zolltarif des deutschen Zollgebietes" zur ersten Berathung. Die überwiegend freihändlerisch gesinnten liberalen Parteien nahmen gegen die große Reorganisation, in welcher das Prinzip eines gemäßigten Schutzzolls zur Geltung kommen sollte, sogleich eine oppositionelle Stellung. Den Conservativen sollte nunmehr eine Unterstützung durch das Centrum kommen, und in diesem Sinne wurde auch die Annäherung zwischen Bismarck und Herrn Windthorst aufgefaßt. Der letztere hatte am 31. März dem Reichskanzler einen Besuch gemacht, angeblich in Angelegenheiten der verwittweten Königin von Hannover. Die über die Unterredung umlaufenden Combinationen erhielten neue Nahrung, als Herr Windthorst am 3. Mai auch bei der parlamentarischen Soirée des Reichskanzlers erschien, um von dessen Franziskanerbier zu trinken.

Herr Windthorst soll sich dazu verstiegen haben, dem Kanzler etwas ans Herz zu legen. Aber was? Das weiß Keiner.

Da haben sie die Ohren gespitzt, die Nasen gerümpft, den Mund aufgerissen; und es handelte sich doch nur um ein Auge, das Er zudrücken sollte!

Der Reichskanzler hat nun einmal kein Herz für große Freundschaften.
Kaum hat er Lasker, den Kleinen, verstoßen,
Eilt er zu Windthorst, dem auch nicht sehr Großen.

Aus dem neuen Faust.

Margarete. Es thut mir lang' schon weh,
Daß ich dich in der Gesellschaft seh'!

Der treue Schäfer.

Machst du mir meine Schwarzen zu Schwarz-weißen
So will ich gern 'mal nach Canossa reisen!

Das Parzenlied aus Goethe's „Iphigenia"

in neuer zeitgemäßer Form.

Es fürchte den Bismarck
Das Menschengeschlecht!
Er hält die Herrschaft
In kräftigen Händen,
Und drückt an die Wände
Wem grade er zürnt.

Der fürchte ihn doppelt,
Den hoch er erhebet!
Im Reichstag und Landtag
Sind Stühle bereitet
Am Ministertische.

Will Einer nicht folgen,
So stellt er den Kecken
Zur Disposition;

Der packt seine Koffer,
Begiebt sich auf Reisen
Und harret vergebens,
Ob wieder er ruft.

Er aber, er bleibet
In ewiger Jugend
Am Ministertische.
Er schreitet vom Lasker
Zum Windthorst hinüber,
Aus Blättern des Centrums
Weht jetzt ihm das Loblied
Vergnügter Agrarier
Gleich Weihrauchgerüchen
Gar lieblich entgegen.

Es wendet der Kanzler
Sein segnendes Auge
Von ganzen Fractionen;
Er meidet im Reichstag
Den Richter zu sehen,
Von Bennigsen sagt er
Sich feierlich los.

So sangen Reptile;
Es hört der Gestürzte
In Schluchten der Alpen,
Der Falk, ihre Lieder,
Denkt des Unterrichtsgesetzes
Und schüttelt das Haupt.

— Fahren Sie mit mir! — Mit mir fahren Sie besser!
— Ach, meine Herren, wenn das so fort geht, kann ich bald gar nicht mehr fahren!

Preußischer Ministerpräsident.

Reichskanzler.

Gutsbesitzer von Friedrichsruh.

Der Kanzler geht.

Der Kanzler geht — — Ein Schreckenston
Erschallt von Mund zu Munde;
Es ist nicht Spott, es ist nicht Hohn,
Wahr ist die Trauerkunde.

Der Kanzler geht — — Uns wird nicht wohl,
Und heiße Thränen quellen —
Der Kanzler mit dem Monopol
Und mit den Eisenzöllen!

Er geht — — Das that der Feinde Zahl,
Die ihn so schnöd' verkannten,
Bald nannten sie ihn „genial",
Bald einen „Dilettanten".

Das ist die Frucht der schlimmen Saat —
O Rinderpestdebatte,
Wo ihn „ertappt auf frischer That"
Der kleine Reiter hatte!

Ihr wußtet's ja, was brauchten wir
Nochmals es euch zu sagen:
Er kann manch Kännlein braunes Bier,
Doch keinen Spott vertragen!

Da geht er nun — — das kam heraus
Bei euren gift'gen Fehden!
Der Kanzler geht — — — zum Saal hinaus
Bei Eugen Richter's Reden.

Die Debatten im Reichstag über den neuen Zolltarif währten bis zum 12. Juli und waren schließlich die verschiedenen Paragraphen der Gesetzvorlage von der Mehrheit des Reichstages, zu welcher diesmal das Centrum gehörte, angenommen.

Adverso flumine.

Gelungen ist's: Er hat, wie Er verkündet,
Die Liberalen „an die Wand gedrückt";
Mit neuen Männern hat Er sich verbündet
Und manche zweifelhafte Hand gedrückt.

Die gestern noch als Feind' Ihm bitter grollten,
Mit schärfsten Spottes Laug' Ihn baß gehöhnt,
Ihn einen „Diocletian" gescholten —
Heut stehn sie Ihm befreundet und versöhnt.

Und nicht dem frisch bekehrten Demokraten,
Der schüchtern seiner Thür zu nah'n gewagt,
Noch einem reuevollen Renegaten
Ward nachsichtsvoller Einlaß hier versagt.

Die aber in des Kampfes schweren Tagen
Zu Ihm gestanden treu in heißem Streit,
Die Seine Fahne hoch emporgetragen,
An Ihm nicht zweifelnd auch in schlimmer Zeit —

Auf deren Rath und That bei allem Großen,
Das Er geschaffen, stets Er sich gestützt:
Heut werden sie verworfen und verstoßen,
Ein Werkzeug, abgethan und abgenützt!

Sie gehn, verjagt von jenem eisig kalten
Und harten Wind, der jetzt von Oben weht;
Wer von den Alten mag zu Ihm noch halten,
Wenn selbst der treue Max von hinnen geht?

Mit neuen Männern und auf neuen Bahnen
Mag kämpfen Er für Deutschlands Ehr' und Glück;
Wir tragen vorwärts unsre alten Fahnen:
Nunquam retrorsum! Nimmermehr zurück!

Richard III.

(Act I., Sc. 2)

Richard III. (Bism.) **Anna** Windth.).

Ich will sie haben, doch nicht lang' behalten.

Zollschnaderhupferl

aus Friedrichsruh.

Ach, hätt' ich doch nie
Mich mit Zöllen befaßt!
Wie wird mir nun schon
Die Geschichte zur Last!

Der eine sagt so,
Und der Andre sagt so
Und zu mir kommen's Alle —
Das macht mich nicht froh.

Der Eine will dies,
Und der Andre will das,
Und der Dritte der will —
Er weiß selber nicht, was!

Und an mich schreiben's Alle
Von hier und von dort,
Und ein Jeder wo möglich
Will Antwort sofort.

Da schreiben's aus Barmen,
Aus Danzig, aus Cöln;
'ne verflixte Geschicht'
Ist das doch mit den Zöll'n!

Nun kenn' ich mich selber
Schon gar nicht mehr aus.
Ach wär' ich, ach wär' ich
Doch glücklich erst 'raus!

Alte Fabel, modern illustrirt.

Löwe: Sagen Sie aufrichtig, riecht es hier nach Reaction?
Fuchs: Ich habe mir leider bei dem heftigen Präsidiumswechsel im Reichstage den Schnupfen geholt.

Das Experiment.

So! Auf dem Papier stimmt es; nun wollen wir probiren, ob es auch richtig ist.

Am Steuer.

Die liberale Speiche zu den anderen Beiden:

Ueberhebt euch nur nicht! Sobald der Wind sich dreht, bin ich wieder oben.

Die Zustimmung, welche Bismarck für die neue Wirthschaftspolitik von Seiten der Centrumspartei erhalten hatte, mußte allerlei Befürchtungen hervorrufen. Schon seit dem Tode des Papstes Pius IX. war Fürst Bismarck durch die versöhnlichere Haltung des neuen Papstes Leo bemüht, der römischen Kirche gegenüber einen modus vivendi zu finden, der den Kampf auf diesem Gebiete vorläufig beendete.

Wie sehr aber dem Fürsten Bismarck seine Wirthschaftspolitik am Herzen lag, an welche er, in Voraussicht ihrer für Deutschland segensreichen Wirkungen, eine so ungeheure Arbeitskraft gesetzt hatte, zeigte sich auch in seiner Empfindlichkeit gegen die Angriffe, welche dieselbe erfuhr. Auch die beiden folgenden Bilder aus Nr. 35 u. 36 geben Zeugniß dafür. Zur großen Ueberraschung der Redaction des Blattes wurde wegen der beiden Bilder eine auf Beleidigung des Reichskanzlers lautende Anklage erhoben. Wegen des ersten Bildes wurde die Klage zurückgewiesen, wogegen wegen des zweiten Bildes der Redacteur E. Dohm und der Zeichner W. Scholz ein jeder zu einer Geldstrafe von 200 M. verurtheilt wurden. — Nach zehn Jahren brauchen wir wohl kein Bedenken zu haben, beide Bilder zum Abdruck zu bringen, da sie heute keine actuelle Bedeutung mehr haben, wohl aber — nach dem Zweck unseres Albums — eine historische.

Erst einige Monate später, als Bismarck aus Varzin wieder nach der Hauptstadt zurückkehrte, begrüßte ihn das Blatt (in Nr. 5, 1880) durch das nebenstehende, auf jene Verurtheilung bezugnehmende Gedicht.

Es ist Alles schon einmal dagewesen.

Saturn verzehrt seine eigenen Kinder, um ihnen den Vater zu erhalten.

Märchenhaftes.

Eselein, streck' dich! Tischlein, deck' dich!

Delatori.

„Zweihundert Mark ein Jeder! Könnt ihr's nicht,
So muß ein Jeder zwanzig Tage brummen!" —
So sprach, verdammend uns, das Landgericht,
Uns auferlegend die genannten Summen.
Zweihundert Mark! Und schweigend nahmen wir
Den Spruch entgegen, ernst, doch ohne Klagen;
Nun aber ist uns wohl erlaubt zu sagen:
Nein, Otto, nein, das war nicht hübsch von dir!

Wer hat aufs Haupt dir manchen Kranz gedrückt?
Wer manches Lied gesungen dir zur Ehre?
Wer mit der Haare Dreizahl dich geschmückt?
Der ist's, nach dem du warfest mit dem Speere!
Zwei Speere warfest du voll Zornbegier;
Der eine sauste durch den Sand, der zweite
Traf ihn, der tausendmal dich conterfeite. —
Nein, Otto, nein, das war nicht hübsch von dir!

Ich werd' es tragen, wie ich Manches trug,
Und auch von diesem Schmerz werd' ich genesen;
Doch wollt' ich wohl, die mir die Wunde schlug,
Wär' eines andern Mannes Hand gewesen.
Indeß — vielleicht schon reut dich, daß du mir
So hart begegnet bist in deinem Grimme;
Vielleicht ruft in dir selbst schon eine Stimme:
Nein, Otto, nein, das war nicht hübsch von dir!

Doch nun genug davon! Ich bin zum Glück
Gutmüthig, leichten Sinns, und kann vergessen.
Du kamst soeben aus Varzin zurück,
Wo lange du, ein Eremit, gesessen.
Wen sucht dein Blick? Wohlan, hier stehen wir!
Was kann das Hadern, kann das Grollen frommen?
Großmüthig rufen wir dir ein Willkommen;
Doch unter uns: Hübsch war es nicht von dir.

Musée Tintamarresque.

W. Wohin soll ich fahren, nach Canossa?
B. Vorläufig nach Dalldorf; ich werde aber an der Ecke der Wilhelmstraße aussteigen.

Das große Bild „Zum 30. September" (in Nr. 44/45 vom 28. Sept.) veranschaulicht, wie für die neuen Wahlen zum preuß. Landtag die Person des Fürsten Bismarck die Parole geworden war: Ob für oder wider ihn! darauf sollte es bei diesen Wahlen ankommen. Das Resultat derselben entschied für ihn, denn die konservativen Fractionen gingen daraus in verdoppelter Stärke hervor und beide liberalen Parteien waren im gleichen Verhältniß zurückgedrängt.

Während so Bismarck für seine Wirthschaftspolitik einen unzweifelhaften Sieg erfochten hatte, war seinem Genie auch gleichzeitig in der äußeren Politik eine große That gelungen, eine That für Deutschland und für den europäischen Frieden. Nachdem er am 26. August eine persönliche Zusammenkunft mit dem österreichischen Minister Andrassy in Gastein gehabt, wurde am 15. Oktober das Defensiv-Bündniß zwischen Deutschland und Oesterreich-Ungarn geschlossen, welches bei seiner erst später (vgl. 1888) erfolgten Veröffentlichung Sensation erregte.

Nachdem die Dreikanzlerzusammenkünfte längst vergessen sind und die letzte Zweikanzlerzusammenkunft vor Kurzem stattgefunden hat, bleibt für die Zukunft nur noch die Einkanzlerzusammenkunft.

Zum 30. September.

Um was es sich bei den Wahlen hauptsächlich dreht.

1880.

Schon im Sommer 1879 fanden bedeutsame Veränderungen im Ministerium statt. Der Finanzminister Hobrecht hatte seine Entlassung genommen und bei der Wendung in den kirchlichen Angelegenheiten konnte Dr. Falk auf seinem Posten nicht bleiben. Im Juli wurde Herrn v. Puttkamer (welcher erst ein Jahr später Minister des Innern wurde) bis auf weiteres das Kultusministerium übertragen. (Auf dem Bilde „Investitur" in Nr. 4 ist u. A. zu bemerken, daß die ihm überreichte Lanze an ihrer Spitze durch einen Knopf abgestumpft ist.) — Fürst Bismarck endlich entschloß sich in diesem Jahre, auch das Handelsministerium in seine eigene Hand zu nehmen.

Auch in den Parteien des Reichstags wie des preußischen Abgeordnetenhauses vollzogen sich Veränderungen. Während die Centrumspartei dringender in ihren gegen die Maigesetze gerichteten Forderungen wurde, löste sich der linke Flügel der Nationalliberalen von der Partei ab. (Die eigentliche Secession, unter Führung von Stauffenberg, Forckenbeck, Bamberger 2c. vollzog sich erst Ende August.)

Sohn, geh' nach Canossa du,
Ich bin schon zu alt dazu!

Der Reichstagsabschied.

Das war ein Abschied! Keiner sah vorher,
Daß sich am Himmel finstre Wolken ballten;
Da kam ganz plötzlich in den Reichstag Er,
Um einmal fürchterlich Gericht zu halten.
Aus Seinem Munde fuhren mit Gewalt
Nach allen Seiten die gezackten Blitze;
So Mancher zitterte auf seinem Sitze,
Sobald er merkte, daß auch ihm das galt.

Nicht eine der Partei'n ist etwas werth!
So ungefähr hat zürnend er gesprochen —
Wie manche hab' ich mit Vertrau'n beehrt,
Und hab' mit jeder bald darauf gebrochen.
Dich, Centrum, trifft zumal mein Zorngeschoß —
O daß dich schleunigst Der und Jener hole!
Windthorst, ist das der Dank wohl für die Bowle,
Mit der ich dich im vor'gen Mai begoß?

Nein, Alle mit einander sind nichts werth,
Conservative, Centrum, Liberale
Denn alles hat sich gegen mich gekehrt
Und ärgert mich und treibt mich aus dem Saale.
Doch wartet nur! Vielleicht in kurzer Frist
Hab' meinen Abschied wirklich ich genommen;
An meine Stelle wird dann Einer kommen,
Der soll euch zeigen — was 'ne Harke ist!

Er sprach's; und wir — ach, sämmtliche Partei'n,
Wir wissen jetzt, daß Alle wir nichts taugen!
Sollt' das kein Grund für uns zum Frieden sein,
Daß wir so gleich dastehn in Seinen Augen?
Versuchen wir's und enden wir den Streit!
Vielleicht wird unterdessen Seine Miene
Ein wenig milder. — Otto, die Saline
Prangt schon im Lenzschmuck; es wird Reisezeit!

Jeder Stand hat seine Plage, jeder Stand hat seine Lust.

Der Reichskanzler soll, in Voraussicht der gänzlichen Unificirung des Staatsministeriums, bereits für das in nächster Zeit bei Hofe bevorstehende Freudenfest das Fackeltanz-Solo einstudiren.

Wenn Homer zuweilen schläft, warum soll Laokoon sich nicht auch einmal Erholung gönnen.

Die Favorite.

Man ist sehr gespannt, wem der Seraskier das Taschentuch zuwerfen wird.

Wie man das Hinderniß wegschafft für eine große liberale Partei.

Erst spalten, dann verkleinern und die Wurzeln ausgraben.

1881.

Des Kanzlers Heimkehr.

1.

Der Kanzler spricht: Ich muß nach Berlin;
Ich kann's nicht länger verschieben;
Im stillen Waldschloß wär' ich so gern
Den ganzen Winter geblieben!

Doch nun ich seit Wochen Tag für Tag
Mich dreimal reisen muß sehen
In jeder Zeitung, ist es ganz
Um meine Ruhe geschehen.

Ob ich auch wirklich hier noch bin,
Bezweifl' ich oftmals leise:
So weich' ich denn der Uebermacht
Und mache mich auf die Reise.

Leb wohl, du stiller Erdenfleck,
Wo ich beglückt gewandelt,
Wo meinen Germanischen Reckenleib
Der Dr. Cohn behandelt.

Leb wohl, du lieber Sachsenwald;
Doch, prangen deine Kronen
Im frischen Grün, kehr' ich zurück,
In deinem Schirm zu wohnen.

* * *

2.

Der Schnellzug hält; mit lautem Hoch
Begrüßen die Passagiere
Den Fürsten, aus jedem Fenster schau'n
Der Köpfe mindestens viere.

Das Dampfroß schnaubt, und wiederum
Beginnt der Lauf, der wilde;
Der Kanzler still am Fenster lehnt
Und starrt ins Schneegefilde.

Dem Wagen, der ihn hergebracht,
Folgt er mit trübem Blicke:
O säß' ich drin und führe stracks
Nach Friedrichsruh zurücke!

* *

3.

Der Kanzler hält vor seinem Palais
In dunkler Abendstunde,
Er schreitet die Marmorstufen hinauf
Mit seinem treuen Hunde.

Drei Diener schreiten ihm keuchend nach;
Es trägt gebeugt ein Jeder
Eine riesige Mappe, wohl gefüllt,
Vom allerstärksten Leder.

Sie legen die Last auf den Tisch und gehn;
Der Fürst in tiefem Sinnen
Oeffnet die Mappen; er muß sofort
Mit der Arbeit wieder beginnen.

Er sitzt in stiller Mitternacht
Und sinnt ob seiner theuern,
Volkswohlbefördernden, aber, ach!
Noch nicht bewilligten Steuern.

* * *

4.

Die Morgenblätter verkünden der Stadt:
Der Kanzler ist eingetroffen.
Da wird erfüllt gar manches Herz
Von stillem Sehnen und Hoffen.

In Hoffen und Bangen gehn umher
Die Herren Nationalen;
Es wogen wieder in ihrer Brust
Des Zweifels bittere Qualen.

Sollt' es wohl diesmal wieder Ihn
Nach Links zu ziehen glücken?
Drückt Er die Hand uns, oder wird
An die Wand Er wieder uns drücken?

Herrn Windthorst sieht man am Palais
Schon früh vorüberwandeln;
Sein sehnsuchtsvolles Auge fragt
Nach oben: Nichts zu handeln?

Gar gerne macht' ich ein Geschäft
In alter reeller Weise;
Doch wird pränumerando gezahlt,
Auch hab' ich feste Preise."

Verwendung der Reichssteuern.

Wohin sollen wir mit all' dem Gelde? Und vor allen Dingen — woher sollen wir es nehmen?

Das Bild in Nr. 22: „Um das Bißchen Miethssteuer" bezieht sich auf die Reichstagssitzung am 29. April, in welcher die Vorlage über „die Besteuerung der Dienstwohnungen der Reichsbeamten" diskutirt wurde. Der Reichskanzler hielt hierbei die vielbesprochene Rede, in der er aufs neue über den in der städtischen Verwaltung herrschenden Parteigeist („Fortschritts-Ring") sich äußerte und über die Erhöhung der Besteuerung seiner Dienstwohnung sich beklagte. In derselben Rede wurde angedeutet, daß es in Erwägung gezogen werden könne, den Sitz der Reichsregierung, vielleicht auch der preußischen, nach einer andern Stadt zu verlegen.

Um das Bißchen Miethssteuer.

Ich habe mir immer gewünscht, den Mann mit dem vernichtenden Blick zu sehen, wie er saß auf den Ruinen von — Berlin. Jetzt wünsch' ich es nicht mehr.

Kosinsky.

Gekündigt ist bereits.

Der Umzug zum Johannistermin scheint doch bedeutender zu werden, als man vermuthete.

Willkommen!

Hurrah! Er kam, er ist gekommen,
Den lange schon Berlin nicht sah.
Wohl Jeder hat bereits vernommen
Die Nachricht: Er ist wieder da!

Warum er gar so lang' gezaudert?
Nach alledem, was man vernimmt —
Sorgt nur, daß man's nicht weiter plaudert —
War er verdrießlich und verstimmt.

Vielleicht auch war er stark beschäftigt,
Hatt' nur für uns noch keine Zeit;
Was diese Conjectur bekräftigt,
Ist seine sonst'ge Thätigkeit.

Nun ist's ihm endlich leid geworden,
Allein zu sitzen immerzu;
So kam er denn herab von Norden
Und hinter ihm liegt Friedrichsruh.

Jetzt ist er da! Durch Blätter
Ging schon die Nachricht, daß er kam
Gar Viele grüßen ihn als Retter,
Und Keiner ist ihm gänzlich gram.

Jetzt ist er da — und neues Leben
Bringt seine Ankunft gleich in Lauf:
Das Holzgeschäft scheint sich zu heben,
Der Kohlenhandel athmet auf.

Und ob man auch seit alten Tagen
Ihn kennt als einen strengen Herrn,
So wird doch Jeder von ihm sagen:
Von Zeit zu Zeit seh' ich ihn gern.

Sei diesmal er ein Wohlgesinnter,
Der Keinem schadet, Allen frommt!
Willkommen sei — der alte Winter;
Spät kommt er zwar, jedoch er kommt!

Aus meinen großen Schmerzen
Mach ich die kleinen Steuern.

Mobilitektonischer Vorschlag.

Um einerseits dem immer dringender werdenden Bedürfniß nach einem Parlamentsgebäude zu genügen, und andererseits den locomobilen Ansichten des Kanzlers Rechnung zu tragen, sollte man doch Reichs- und Landtagsgebäude auf Rollen herstellen!

Schön Wetter. Veränderlich. Sturm.

(Sollte bei keinem Minister, Reichs- oder Landboten fehlen.)

Des Kanzlers Rückkehr.

Der Kanzler ist zurückgekommen,
Schon zeigt' er sich im hohen Haus.
Wie aus den Blättern man vernommen,
Sah er gesund und fröhlich aus.

Als er erschien mit frohem Muthe,
Sprach eben man von Elfenbein,
Manillahanf, Kokus und Jute,
Trat dann in die Berathung ein.

Der Pfefferkuchen drauf, der Braune,
Ward debattirt, und schon sprach Braun.
Der Kanzler war bei guter Laune
Trotz abgelehnten Zoll's zu schau'n.

O, möcht' er heit're Stimmung bringen
Mit sich — fürwahr, es wär' ein Glück.
O käm' er auch von andern Dingen,
So wie von Hause jetzt zurück!

König Lear.

Nachdem König Lear seine Töchter Goneril und Regan auf das deutlichste bevorzugt und seine dritte Tochter Cordelia „an die Wand gedrückt" hat, wird er im entscheidenden Augenblick von den beiden ersten mit Undank belohnt.

Der wirthschaftliche Riesenaufschwung.

Das geht nicht mehr so in unseren Jahren. Außerdem sind Sie nicht leicht genug gekleidet; auch haben Sie die Taschen zu voll!

Aus der Zeit des inneren Interregnums.

Wer wagt es, Rittersmann oder Knapp?

(NB. Für das Portefeuille des „Innern" war noch nicht der Mann gefunden, bis — vergl. das folgende Bild aus Nr. 14 und 15 — Herr v. Puttkamer dasselbe übernahm, während Goßler für den Cultus eintrat und Bitter für die Finanzen.)

Die drei Gewaltigen.

Eigentlich brauchten sie weiter Keinen.

Der Klügere.

Frei nach Ludwig Hahn.

Diese Mauer ist von Stein, meine Stirn nicht von Eisen; warum soll ich mit dem Kopf durch die Wand?

Janus.

Man ist sehr gespannt auf die Probe, ob die für den inneren Sieg zu errichtende Siegessäule so groß werden wird, wie die für den äußeren Sieg errichtete.

Der politische Klinkerfues.

Trotz zunehmender Bewölkung im Osten und Westen geringe Niederschläge. Für heute, morgen und die nächsten Tage friedliches Wetter. Amtlich.

Seitdem Fürst Bismarck dem Reichstage das Tabaks-Monopol offen als sein Ziel erklärt hatte, blieb dasselbe für die folgenden Jahre das umgehende Gespenst. Bismarck hatte bei Einführung der Staats-Monopole sowohl eine Verminderung der direkten Steuern im Sinne, wie auch eine Entlastung der Einzelstaaten von den immer lästiger werdenden Matrikularbeiträgen. Schon 1878 hatte er gesagt: „Mein Ideal ist nicht ein Reich, das vor den Thüren der Einzelstaaten seine Matrikularbeiträge einsammeln muß, sondern ein Reich, welches, da es die Hauptquelle guter Finanzen, die indirekten Steuern, unter Verschluß hält, an alle Patrikularstaaten im Stande wäre herauszuzahlen . . .“ Nachdem aber Fürst Bismarck im Jahre 1879 das Centrum für den neuen Zolltarif gewonnen und denselben gegen den Widerstand der liberalen Parteien durchgesetzt hatte, stieß er jetzt mit der Durchführung seiner Monopol-Pläne auf allgemeinen Widerstand, und auch die Aufhebung der untersten Stufen der Klassen- und Einkommensteuer konnte die Opposition nicht beseitigen. Es erschien der Reichstagsmajorität bedenklich, durch eine so umwälzende Maßregel den Privatbetrieb eines hochentwickelten Industriezweiges zu vernichten, und die übeln Erfahrungen mit der durch ungeschickte Ausführung verunglückten Straßburger Tabakmanufaktur trugen zur Discreditirung des Monopols sehr vieles bei. Dasselbe wurde denn auch 1882 von der Majorität des Reichstags abgelehnt.

In dem gegenüberstehenden Bilde (aus d. J. 1882), welches die Monopolisirungsversuche parodirt, steht unmittelbar hinter dem Reichskanzler der Finanzminister Bitter, seitwärts von diesem unser Zeichner W. Scholz, der hier seine Schöpfung der drei Haare unter den Händen Bismarck's sieht; und hinten am Pulte Herr v. Puttkamer.

Scherz-Cigarrenspitzen in Meerschaum.

Wenn die Cigarre glimmt, setzt der Mechanismus sich in Bewegung. Das Alter wird versorgt, der Unfall wird versichert und wenn man stark pustet, fallen die unteren Steuerstufen von selber fort.

1882.

So muß es kommen!

Wenn erst Alles monopolisirt und verstaatlicht ist, dann kommt zuletzt auch „Kladderadatsch“ an die Reihe.

Prognosticon.

In dem Kampfe mit Kirche und Centrum kann der Reichskanzler im besten Fall nur den Kürzeren ziehen.

Zum 1. April.

Er hat Sein müdes Haupt gerettet
Aus Arbeitsqual und Sorgenlast
Und es in Friedrichsruh' gebettet
In stillem Heim zu kurzer Rast.
Hier blickt Er froh und athmet freier
Und schwelgt in Lust und Sonnenschein;
Es stellen zur Geburtstagsfeier
Sich nur die liebsten Freunde ein.

Die schaaren heut sich dicht zusammen
Und bringen Spenden, duftig frisch;
Mit Briefen auch und Telegrammen
Belastet wird der Gabentisch.
Nicht Reichstag, Landtag und Enquête
Bereiten Harm Ihm und Verdruß;
Preßsöldner und Volkswirthschaftsräthe
Nicht stören Ihm den Festgenuß.

Welch herrlich Fest! Zwar bleiben heute
Besternte und Befrackte fern,
Doch nahten Ihm zum Gruß die „Leute"
Und neigten sich vor ihrem Herrn:
Der Pastor und der Lehrer kamen,
Der Förster und der Diener Reih',
Des Hofes und des Stalles Damen,
Die Großmagd auch war mit dabei.

O schönes Loos, einmal zu weilen,
Wo Friede ruht auf Flur und Wald,
Wo's keine Wunden giebt zu heilen,
Nicht Klageton noch Schlachtruf schallt!
Wo nicht erfüllt von heil'gem Grimme
Herr Windthorst zur Tribüne steigt,
Wo wilder Professoren Stimme
Und wo der böse Richter schweigt!

Wie wird die Tafel heut Ihm munden,
Wie hell Ihm perlen feur'ger Trank,
Wenn heitre Toaste Ihm bekunden
Ergebner Herzen treuen Dank!
Wie wird am Schluß Er dann mit Schallen
Anstoßen mit dem Festpokal
Und rufen: Sei den Völkern allen,
Sei euch gesegnet heut mein Mahl!

Und wenn Er, matt von Mahl und Weine,
Dem Mittagsschläfchen Sich vertraut,
Hört Er vielleicht aus nahem Haine
Des Kukuks erstes Rufen laut.
Er drückt die Schläfe dann ins Kissen
Und spricht, eh' Ihn der Traum bezwingt:
Du, Vöglein, kannst allein es wissen,
Was uns die nächste Zukunft bringt.

Präsent-Cigarren.

Wenn das Monopol in irgend einer Weise zum Abschluß gekommen ist, sollen unter die Personen, welche sich am meisten für das Zustandekommen derselben compromittirt haben, die siebzig Millionen Stück unverkäuflicher Cigarren der Straßburger Fabrik zwangsweise vertheilt werden.

Zerstörte Ideale.

Altes Berliner Trostliedchen.

Na, weine man nicht, na, weine man nicht!
In der Röhre stehn Klöße, du siehst sie man nicht.

Schwarze Wolken.

— Im Westen ist es ja still geworden. Aber nun mit einem Mal dieser scharfe Wind aus Osten! Ich glaube, wir kriegen was!

— Sehen Sie doch nicht so schwarz! So lange der Mann da oben seinen Schirm nicht aufspannt, können wir hier unten ganz ruhig bleiben.

Abschied vom Walde.

Und wieder waren schnell verronnen
Der Ruhetage stille Wonnen,
Die Koffer standen schon geschnallt,
Da schritt mit seinem treuen Hunde
Der Kanzler um die Abendstunde
Noch einmal durch den Sachsenwald.

Am jungen Laub der Buchen weidend
Das helle Auge, sprach er scheidend:
Fahr' wohl, du grüne Einsamkeit!
Nach allzu kurzer Osterpause
Zieh' wieder ich ins Weltgebrause,
Ich zieh' hinaus zu Kampf und Streit.

Nicht geht's im Flug zu leichten Siegen;
Ich weiß, ich werde unterliegen
Im ersten Gang — o schlimmer Stand!
Des Reiches Feinde voller Tücken
Sind in der Uebermacht, sie drücken
Das Monopol mir an die Wand;

Ja, wenn wie du der Reichstag wäre,
Wie würde da des Amtes Schwere,
Die lastende, mir federleicht!
Das Ziel, nach dem ich kämpfend ringe,
Mir Schritt für Schritt den Weg erzwinge,
Wie wär's im Fluge dann erreicht:

Ruf' ich in deine grünen Hallen,
Geliebter Wald: „Gereicht nicht Allen
Das Monopol zum wahren Wohl?" —
So schallt sogleich von allen Seiten
Ohn' jedes Schwanken, Zanken, Streiten,
Des Echo's Antwort: „Wohl! Wohl! Wohl!"

Ach, daß dir gar so wenig gleichen!
Der Reichstag muß! Nur deiner Eichen
Starrheit hat er! Doch mir ist's gleich;
Ich schwör's: es soll mir doch gelingen,
Die Eichen all' zu Fall zu bringen,
Wenn auch nicht auf den ersten Streich.

Mag sich das Centrum drehn und winden
Zuletzt wird sich ein Ausweg finden —
Du heil'ger Windthorst, steh' mir bei!
Verstummt ist des Kulturkampfs Brüllen:
Laß uns mit Reichskanaster füllen
Die Friedenspfeife frisch, fromm, frei!

Wenn mir dies letzte Werk gelungen,
Zieh' ich, ihr grünen Dämmerungen,
Schutz suchend wieder in euch ein;
Zeit wird's dann bald, daß ich entweiche;
Gesteh' ich's nur: es wird im Reiche
Der Duft nicht auszuhalten sein!

Wenn über dem beglückten Volke
Des Reichstabaks mephit'sche Wolke
Sich dichter stets und dichter ballt,
Mit ein'gen Kisten Importirter
Für immer kehr' als pensionirter
Reichskanzler ich zum Sachsenwald!

Trübe Kriegsaussichten.

Nachdem Frankreich seine Revanche bis hinter Tunis verlegt hat, erklärt die St. Petersburger Zeitung Deutschland den Frieden bis auf Weiteres. Und wir müssen nun warten, bis es den Herrschaften gefällig ist!

Vor dem Standbild zu Cöln.

v. B. zu v. P. Aber Herr Kollege! War der Mann nicht ein entschiedener Gegner meiner jetzigen Politik? Ein Regierungsbeamter! Und steht immer noch auf seinem Platz?

Warnung.

Lohengrin zu Elsa. Nie sollst du mich befragen,
Noch Wissens Sorge tragen,
Woher — warum — wozu?
Was man dir sagt, das thu'!

Guter Rath an gewisse Französische Heißsporne.

Man soll auch den Bismarck nicht an die Wand malen!

Gesang der Westmächte über den Wassern.

Jean Fanfaron zu John Bull: Geh' du voran!
Du hast ja Wasserstiefel an,
So daß er dich nicht beißen kann.

Kanzlerliebe.

Nach Kaulbach.

Einer nach dem Andern!
Von den artigen Kindern kommt
Jedes an die Reihe

1883.

Da Fürst Bismarck mit der Centrumspartei, welche bei allen Fragen die Forderung der Aufhebung der Maigesetze wiederholte, zu keiner Verständigung kommen konnte, wurden aufs neue Versuche gemacht, den Führer der Nationalliberalen, v. Bennigsen zu gewinnen.

Rudolf v. Bennigsen, der immer noch als der Minister der Zukunft galt, blieb aber in Folge der früher gemachten Erfahrungen zurückhaltend und die Verständigungsversuche blieben resultatlos.

Fürst Bismarck, mit welchem Schweninger seine erfolgreiche Kur begonnen hatte, trug jetzt mehrere Monate lang den Vollbart.

Zu den später folgenden Bildern, welche auf die Befestigung des Friedens sich beziehen, ist zu bemerken, daß auch Italien im Jahre 1883 dem deutsch-österreichischen Bündniß beigetreten war. Das Bild aus Nr. 7, die Verse aus der „Bürgschaft" parodirend, zeigt, daß den friedlichen Versicherungen des russischen Ministers Herrn v. Giers kein Vertrauen entgegenkam.

Wieder einmal Nichts.

B. Nun, Rudolph, wollen wir einmal wieder Kirschen miteinander essen?
B. Nein, Otto, ich danke für Obst!

Am ersten April.

Nein, ich bin, fürwahr, kein Schlimmer
Und erscheinen könnt' ich nimmer
An dem ersten des Aprils
Ohne deiner zu gedenken
Und zu dir den Schritt zu lenken,
Großer Otto! Und ich wills.

Her den Leibrock! Her die weiße
Binde, daß ich mich mit Fleiße
Schmücke zu dem Wiegenfest!
Aufgesperrt des Schrankes Riegel!
Guter Wille leiht mir Flügel,
Und bereits sagt mir der Spiegel,
Daß es mir nicht übel läßt.

Jetzt zum Kanzleramtsverwalter,
Der Trotz bietet höh'rem Alter
In des Vollbarts Silberhaar!
Vor mir springen auf die Pforten —
Seht, da sitzt er unter Torten!
Und mit kurzen, schlichten Worten
Bring' ich meinen Festgruß dar.

Wenn vielleicht die Kiebitzeier
Fehlen zur Geburtstagsfeier,
Die Dir sonst die Treuen weihn,
Weil verschneit noch ist die Gegend,
Die er sonst durchwandelt legend,
So will ich, mich fröhlich regend
Heute mehr als Kiebitz sein.

Sieh mich denn vor dir erscheinen!
Guter Wünsche hunderteinen
Leg' ich Dir zu Füßen hin.
Und dies Lied dir überreichend,
Der ich Dich so oft gezeichen't,
Zeig' ich, keinem Andern weichend,
Wie ich Dir ergeben bin.

Einst wohl kamen böse Tage;
Gegen mich erhobst Du Klage,
Und man zog mich vor Gericht.
Ach, der Spruch war mir entgegen,
Manche Mark mußt' ich erlegen.
Gerne that ichs Deinetwegen,
Darum keine Feindschaft nicht.

Alles Leid sei heut vergessen,
Auch daß wir noch warten dessen,
Der mit Reiz schmückt die Natur.
Einen Feststrauß Dir zu binden,
Wird von Immergrün sich finden
Dunkles Laub, auch wenn die Linden
Kahl noch sind und braun die Flur.

Goldig solls im Glase blinken;
Auf des Kanzlers Wohl zu trinken,
Windthorst, auf zur Maienbowl'!
Und im Vatican, du strenger,
Eif'ger Vater, groll' nicht länger!
Schnell mit mir, dem heitren Sänger
Stoß jetzt an auf Otto's Wohl!

Herr Stöcker wirft dem Cultusminister Undurchsichtigkeit vor. Die Herren Windthorst aber und Schorlemer-Alst finden ihn so durchsichtig, da sie hinter ihm ganz deutlich einen Anderen sehen.

Die Bürgschaft in umgekehrter Besetzung

oder

Wie sich die Zeiten ändern.

Herr von Giers. Ich sei, gewährt mir die Bitte,
In eurem Bunde der Dritte.

Bravo! Da capo!

Von 1871 bis 1883.
Großes Equilibrium mit Hindernissen.

Was Bismarck Alles in Frankreich zu hun hat.

Nach Paul Déroulède.

Er gewöhnt die Franzosen an deutsches Bier, um die Absynthfabrikation zu ruiniren und Frankreich zu Grunde zu richten.

Er bringt die Unwetter und treibt die Reblaus herdenweis in die Weinberge, um dem Grüneberger den Weltmarkt zu erschließen.

Er hält die Revanche-Idee warm und hetzt die Communards zu einem Kriege mit Deutschland, um wieder 5 Milliarden zu erwischen.

Er lockt die Regierung in den Sumpf, um Frankreichs Prestige ganz zu vernichten und es selbst vor Europa lächerlich zu machen.

Durch die fortgesetzten Friedensdrohungen der Triple-Alliance wird Frankreich so gereizt werden, daß es zum Aeußersten greift.

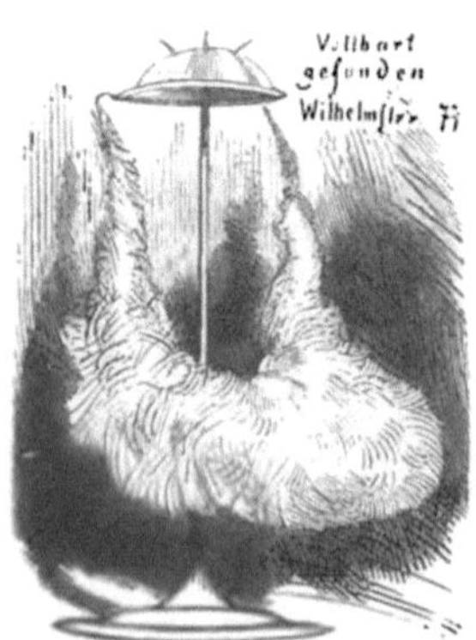

Episode aus dem Leben des Reichskanzlers.

Kaltes Blut und warm angezogen.

Alte Berliner Regel.

Immer zu, Kinder, kachelt nur feste ein, ihr bringt den Ofen doch nicht zum Platzen — — er ist diesen Sommer erst frisch verschmiert!

Von der Kanzlerfahrt.

Ade du lieber Sachsenwald!
Im Extrazug, dem schnellen,
Der Kanzler eilt — sei's ihm zum Heil! —
Zu Kissingens edeln Quellen.

Und als er fährt durchs Welfenland
Sieht er ein Städtlein ragen
Aus grüner Linden dichtem Kranz,
Er kennt's aus alten Tagen.

Göttingen! An den Wagen drängt
Hochrufend sich die Menge,
Manch flotter Bruder Studio schwingt
Die Mütze im Gedränge.

Und als er sieht die Mützen bunt
Und die verhau'nen Gesichter,
Der ernste Kanzler lächelt leis,
Und zu sich selber spricht er:

O schöne Zeit, als ich einmal
Gezecht hier und gesungen,
Als ich in trotziger Jugendlust
Den Schläger hier geschwungen.

Manch wucht'ger Hieb von meiner Hand
Hat scharf und gut gesessen,
Es mochte Keiner so leicht mit mir
Im Waffenspiel sich messen.

Wie stand ich stramm auf der Mensur,
Wie pfiffen die Quarten und Terzen!
O alte Burschenherrlichkeit
Ich denke dein mit Schmerzen!

Wohl bin ich all mein Leben lang
Ein guter Kämpfer geblieben,
Ich habe manchen mächtigen Feind
Gefällt mit starken Hieben.

Es liegt mir einmal nun im Blut,
Ich kann den Drang nicht dämpfen,
Verhaßt ist mir die träge Ruh',
Für mich ist leben kämpfen!

Nur mit dem letzten großen Kampf
Will's mir so recht nicht glücken,
Ich hab' den Feind wohl unterschätzt
Mit seinen Listen und Tücken.

Man sagt, daß meine Hiebe sonst
Viel schärfer und wucht'ger pfiffen,
Arglistige Menschen behaupten gar,
Ich hätte fast „gekniffen“.

Verleumdung ist's, doch ist es wahr
Man wird allmählich älter,
Verflogen ist der wilde Trotz,
Man wird besonnen und kälter.

Durch kluges Unterhandeln auch
Lernt man sein Ziel erreichen,
Als Starker darf man muthig wohl
Zurück ein Schrittlein weichen.

Doch endlich wird der Sieg — da pfeift's
Und weiter geht die Reise;
Die Menge bringt das übliche Hoch
Verbindlich grüß' ich im Kreise.

Ade! Schon trägt am letzten Haus
Vorüber mich der Wagen.
Leb wohl, du altes Nest, wo einst
Ich mich so brav geschlagen.

Beginn der großen Ferien.

Schullehrer. Ein wahres Glück, daß das Quälen mit den verd — — verehrten Herren endlich ein Ende genommen hat.

Erinnerung aus Kissingen.

Eine oberflächliche Badebekanntschaft.

Politischer Eilzug.

Zugführer: Spanischer Handelsvertrag — zwei Minuten Aufenthalt! Nicht ansteigen, der Zug geht gleich weiter.

Bismarck als Gärtner.

(Der „kalte Strahl“.)

Die Jungen der Nachbarn steigen immer über den Zaun und ruiniren dabei mancherlei; wenn sie mir aber von der Pflanze nur ein Blatt abreißen, ja, ich wüßte wirklich nicht, was ich thäte!?]

Verfolgungswahn.

Die Franzosen sehen überall Bismarck.

1884.

(Aus Nr. 14. 15, vom 30. März.)

Durchgesetzt!

Nach den Differenzen in der Socialisten-Frage hat es sich ganz deutlich herausgestellt, daß der Reichstag nicht mehr mit **Bismarck** regieren kann.

Aber wer soll an seine Stelle treten?

Da Einer nicht im Stande war, diesen Gedanken allein auszudenken, traten fünf freisinnige Männer, je einer aus dem Centrum, von der Rechten, von der Linken, von den Freiconservativen und ein Wilder zusammen, um diese brennende Frage zu löschen.

Nach sechsstündiger Sitzung kamen sie, laut Berichterstattung, zu nachstehender Resolution.

Nummer 1 schlug vor: Muß der Reichstag mit jemand regieren, so wählen wir von den Uebeln das kleinste. Wie wäre es also mit Excellenz Windthorst?

Er bietet den Vortheil der sofortigen Abschaffung des langweiligen Culturkampfes.

Er macht die Kirche fromm, frisch, froh, frei und läßt sie hier unten schon triumphiren. Auf den Lützowplatz kommt statt der Akademie ein Nonnenkloster. Wenn unter den Linden bei **Kranzler** eine Procession und eine Frühjahrs-Parade sich begegnen, muß die letztere so lange in die Friedrichstraße treten, bis erstere vorüber ist.

Alles Kupfergeld geht nach Rom. Darauf sämmtliche Nickel. Später die Mark, bis wir die volle Goldwährung haben. Dann gehen die Kronen über die Berge — — —

Halt, rief Nummer 2, wenn alles Geld aus Deutschland fort ist, womit sollen wir unsere Steuern bezahlen?

Damit fiel **Windthorst**, und wir griffen nunmehr zu Herrn von Minnigerode.

Er entzieht dem Adel sämmtliche Steuern und wälzt sie naturgemäß auf das wirkliche Volk ab.

Die Garde-Cavallerie-Regimenter bestehen nur aus Offizieren. Diese müssen adelig sein. Jeder Officier ist Domherr.

Der Schnaps wird in ganz Deutschland obligatorisch. Auf den Kopf kommen statistisch 20 Liter oder verhältnißmäßige Gefängnißstrafe — — —

Halt, rief Nummer 3, ich bin Biertrinker, bedenken Sie Bayerns Reservatrechte!

Mit Herrn von **Minnigerode** war es also auch nichts. Unter allgemeiner Bewegung wurde nun Richter aufgestellt.

Allgemeiner Steuererlaß in den vier ersten Quartalen jedes Jahres.

Allgemeine Redefreiheit von 8 Uhr Morgens bis 4 Uhr Nachmittags. Abends von 7 bis 10 bei elektrischer Beleuchtung.

Vollständiger Freihandel, bis Deutschland mit auswärtigen Fabrikaten so überschwemmt ist, daß es selber gar nicht mehr zu produciren braucht.

Das Militärbudget fällt fort.

Das stehende Heer wird bis auf die Ehrenposten verringert. Doppelposten müssen einfach besetzt werden — — —

Halt, rief Nummer 4, ein Reserve-Lieutenant, und wenn nun Frankreich diesen Umstand benutzt, Deutschland für identisch mit dem Elsaß erklärt und es zurücknimmt? Wenn **Richter** auf seine alten Tage noch französisch lernen müßte — — —?

Schaudernd nahmen wir Abstand und griffen nun zum Aeußersten.

Bebel.

Keine Armee. Keine Steuern. Kein Besitz. Alles Vermögen über fünfzig Pfennige wird getheilt. Kein Vergnügen. Kunst und Wissenschaft sind Luxus, den sich jeder privatim gestatten kann. **Bebel** und **Liebknecht** wohnen im Schloß vorn heraus. Ehe auf Kündigung. Die Frauen können verborgt werden — — —

Halt, rief hier Nummer 5, der seit vorgestern verheirathet ist, das ist mindestens verfrüht! Der schlechte Rest dieses Jahrhunderts ist dem Ideal **Bebels** noch nicht reif!

Da saßen wir nun rathlos auf Kohlen, denn es war spät geworden und wir mußten nothgedrungen noch zum Bier bei **Siechen**. Plötzlich kam uns gemeinschaftlich derselbe erlösende Gedanke!

Bismarck muß gezwungen werden zu bleiben. Alle Mittel sind recht. Und richtig, es gelang uns noch kurz vor 1 Uhr Nachts es durchzusetzen.

Bismarck bleibt.

Dies soll am 1. **April cr.** in **Kraft treten.**

Motten.

Sie schwirren so lange um das Licht, bis sie sich einmal gehörig verbrennen.

Friedliche Aussichten für Frankreich.

An der Deutsch-Russischen Grenze hat in letzter Zeit wieder einmal eine überraschende Frontveränderung stattgefunden.

Reichstags-Ende oder -Auflösung.

Dr. B. Wenn er das nimmt, können wir ihn noch bis zum Herbst hinhalten.
Dr. W. Was geben Sie mir, wenn ich es ihm eingebe?

Die nochmalige Verlängerung des Ausnahmegesetzes gegen die sozialistischen Umtriebe beschäftigte in dieser Session aufs neue die politischen Parteien.

In dieses Jahr fallen auch die bedeutenderen Schritte der Regierung zur Unterstützung der kolonialen Bestrebungen des deutschen Volkes. Angra Pequena, jenes an der Südwestküste Afrikas gelegene Gebiet, welches von dem Bremer Kaufmann Lüderitz als deutsche Niederlassung gegründet war, wurde unter den Schutz des Reiches gestellt. Im Juni wurde dem Reichstag der Gesetzentwurf über Einrichtung und Unterhaltung von Postdampferverbindungen nach überseeischen Ländern vorgelegt. Ein ausgedehnteres Interesse beanspruchte die Regelung des internationalen Kongo-Staates in Centralafrika. Nachdem die deutsche Regierung eine Uebereinkunft mit der internationalen Kongo-Gesellschaft geschlossen hatte, wurde in den Vorverhandlungen des Fürsten Bismarck mit den anderen betheiligten Mächten Berlin zum Sitz eines Congresses ausersehn, auf welchem die Abgrenzung des Freihandelsgebietes in Aequatorial-Afrika und alle sonstigen Beziehungen und Rechte festgestellt werden sollten. Die Conferenzen der Bevollmächtigten begannen im November 1884, und am 26. Februar 1885 wurde die Generalakte unterzeichnet.

Die Bemühungen Bismarck's um Erhaltung des europäischen Friedens wurden fortgesetzt, und eine Zusammenkunft der drei Kaiser zu Skierniewice im September 1884 sollte den friedlichen Charakter des deutsch-österreichischen Bündnisses bethätigen und die moskowitischen Hetzer beschwichtigen.

Ostereier.

Für die Commission zur Berathung des Socialisten-Gesetzes.

Hier, meine Herren, die Auswahl ist diesmal nicht groß! Für eins von beiden müssen Sie sich entscheiden!

Herr Edmond About beklagt sich im „XIX. Siècle" bitter darüber, daß „der liebe Fürst Bismarck", auf das Recht des Stärkeren fußend, ihn mit „Mistgabelstößen" aus seiner Heimath, dem Elsaß, vertrieben habe.

Das ist freilich ein hartes Schicksal, das Herrn Edmond About betroffen hat. Womit aber sonst hätte „der liebe Fürst Bismarck" ihn entfernen sollen? Etwa mit der Feuerzange?

In der Presse taucht das Gerücht auf, daß der Reichskanzler in nächster Zeit sich nach Kissingen begeben werde.

Wie unvorsichtig! Sofort gehen ja alle Engländer ebendahin. Oder hat das Gerücht den Zweck, die Engländer irre zu leiten, und beabsichtigt der Kanzler, diesmal eine andere Sommerfrische aufzusuchen?

Die Verkleinerung Bismarcks betreffend.

Der Fürst wird immer noch so groß bleiben, daß, wenn er im Kanzleramt steht, sein Schatten bis in das Staatsministerium fällt.

Der Reichstag beschäftigte sich in dieser Session mit verschiedenen Anträgen in Gesetzvorlagen, welche auf die Verbesserung sozialer Verhältnisse gerichtet waren. Nachdem im April die Abänderungen des Gesetzes über die Hülfskassen, sowie ein Antrag, betreffend die Pensionirung aller im Reichsdienste beschädigten Civilpersonen berathen waren, kam im Juni der lange vorbereitete Gesetzentwurf über die Unfallversicherung der Arbeiter zur Annahme. — Auf dem Bild „Kurz oder weit“ in Nr. 31 wird die Sehkraft Bismarcks und seiner Gegner vergleichsweise veranschaulicht. Windthorst sieht nur Rom, Bamberger hat nur den Geldbeutel im Auge, Richter die nächsten Wahlen; aber der Blick Bismarcks reicht ein Jahrhundert weiter.

Kurz oder weit?

Das Reichsgesundheitsamt hat in der Budget-Commission Prüfungen der Augen auf das Sehvermögen angestellt und ist zu den interessantesten Resultaten gekommen.

Heizer und Bremser.

Selbst wenn der eine ebenso kräftig heizt wie der andere bremst, kommt man doch nicht von der Stelle.

Der Reichsfrühschoppen.

Welch ungewohntes Stimmenschwirren
In unsers Kanzlers stillem Park?
Horch, Teller klappern, Gläser klirren
Das find' ich wirklich etwas stark!
Die strenger Arbeit aufgehoben,
Der Morgenstunden edle Zeit,
Sie wird — kann dies der Weise loben? —
Dem frohen Frühtrunk hier geweiht.

Er, den in scharfem Wortgefechte
Der Landtag unduldsam verletzt
Wird hier in seine ew'gen Rechte
Vom Reichstag wieder eingesetzt.
Der Wahrheit fröhlicher Verkünder,
v. Meyer spricht: „Was kann da sein?
Wir sind ja schließlich alle Sünder,
Ich sehe sämmtliche Partei'n!"

Manch schneid'ger Landrath spricht vergnüglich:
„Wie schmeckt Euch, Herr Kaplan, dies Naß?
Geeignet scheint es ganz vorzüglich,
Flugs zu ertränken Groll und Haß.
Stoßt kräftig an! Der uns gespendet
Den duft'gen, goldigklaren Wein,
Und der das Centrum uns gesendet,
Gepriesen sei der Vater Rhein!"

Nicht denkt an Kampfgeschrei und Fehden
Die kleine Excellenz zur Stund':
„Ihr Herren trinkt! Nicht nur zum Reden
Gab uns der Himmel ja den Mund!"
Seht, wie im frohen Kreis der Seinen
Herr Hobrecht maßvoll sich erquickt,
Indeß er oft — so will's mir scheinen —
Voll Sehnsucht nach dem Kanzler blickt.

Gar mancher sprach mit stolzem Munde:
„Ich bin ein Mann! Frei ist mein Sinn!"
Jetzt trägt er wohlgemuth zum Spunde
Den rasch geleerten Schoppen hin.
Und fühlt er, wie im tiefsten Herzen
Sich leise regt geheime Reu',
Ertränkt er lächelnd seine Schmerzen
In Bayerns trefflichem Gebräu.

Nur wer zu seines Landes Frommen
„Wahrhaft und wirklich liberal",
Ist nicht zum Gartenfest gekommen,
Er flieht des Kanzlers Bacchanal.
Zu seinen Wählern darf er sprechen
„Gottlob, daß mein Gewissen rein!
Früh Morgens lockte schon zum Zechen
Der Kanzler mich, doch sprach ich: „Nein!"

Ein Ausspruch des Reichskanzlers.

Wäre dies nicht die schönste Krönung für die Siegessäule auf dem Königsplatz?

Die Südsee ist das Mittelmeer der Zukunft.

Mir kann es ganz recht sein, wenn die anderen dort unten Beschäftigung finden. Man hat dann endlich Ruhe hier oben.

Vaterfreude.

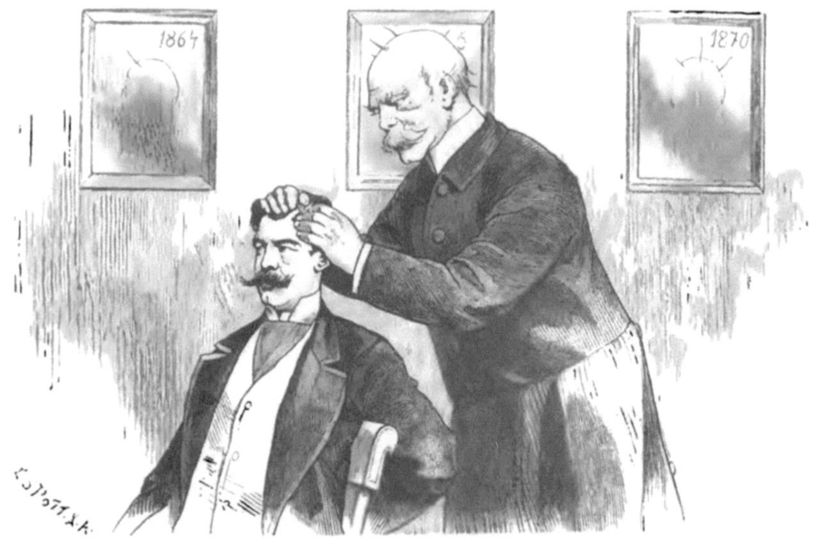

Der Reichskanzler entdeckt bei seinem Erstgeborenen mit Stolz das erste der drei erblichen Familien-Haare.

Zeitungskrieg.

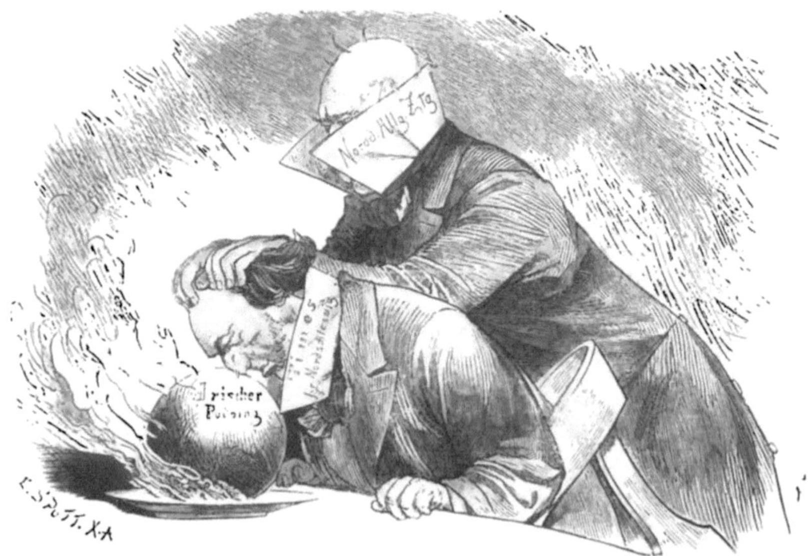

Die „Norddeutsche Allgemeine“ räth den „Times“ doch ja ihre Nase in ihre eigenen Angelegenheiten zu stecken.

Am 15. Dezember 1884 wurde der Reichshaushalts-Etat in zweiter Lesung berathen, und die Budget-Kommission hatte darin u. a. die Streichung von 20000 Mk. beantragt, welche für eine zweite Direktorstelle des auswärtigen Amtes verlangt wurden. Obgleich Fürst Bismarck die dringende Nothwendigkeit der Forderung nachgewiesen hatte und dieselbe auf seinen Diensteid nahm, obgleich er in wiederholten Auseinandersetzungen gegen die freisinnigen Redner L. Löwe, Hänel und Richter und den Sozialdemokraten Vollmar die übermäßige Arbeitsbelastung der vorhandenen Kräfte nachgewiesen hatte, wurde die Summe dennoch, durch das Zusammengehen des Centrums mit den Deutschfreisinnigen, von der Majorität (141 gegen 119) abgelehnt.

Wie sogleich von den besonneneren liberalen Blättern vorausgesagt worden, erregte die Beschlußfassung in ganz Deutschland die größte Entrüstung. Zwar wurde unter diesem Eindruck im Anfang des folgenden Jahres (bei der dritten Lesung) die Forderung bewilligt; aber die Unduldsamkeit der beiden genannten Fraktionen gegen die Person des Reichskanzlers, selbst auf Kosten des allgemeinen Wohles, war durch das Votum vom 15. Dezember vor dem Lande erwiesen.

Der Kladderadatsch brachte in seiner folgenden Nummer (vom 21. Dezember) das nachstehende energische Gedicht, welches der allgemeinen Stimmung Ausdruck gab. Von diesem Zeitpunkte an wurde das Blatt von der deutschfreisinnigen Presse in die Acht erklärt.

Um zwanzigtausend Mark.

Der große Kanzler, der des Reichs Geschäfte
Mit sichrer Hand geführt durch schwere Zeit,
Um zu vermehren seine Arbeitskräfte,
Erbittet er sich eine Kleinigkeit.
Das deutsche Volk kann solche Last nicht tragen:
Die kleine Summe wird ihm abgeschlagen.

O Sparsamkeit, du trefflich angebrachte,
Als auf die Wahl des Hauses Ehre kam!
O Muth des Manns, den nicht erbleichen machte
Die Furcht und auch erröthen nicht die Scham!
Du konntest dich fürwahr nicht höher steigern,
Als da es galt, Nothwend'ges zu verweigern.

Es ist geschehn — o ließ' es sich verschweigen!
Doch weit erscholl es in die Welt hinaus.
Wir seh'n die Welt mit Fingern auf uns zeigen,
Den Spott des Auslands fordern wir heraus.
„Seht, das ist Deutschland, stets nach solchem trachtend,
Was Schmach ihm bringt, und seinen Ruhm verachtend!"

Doch nicht gesprochen hat des Volkes Stimme,
Ob auch gesprochen die Majorität.
Es hat ihr Urtheil mit gerechtem Grimme
Gehört das Deutschen Volk, und brausend geht
Und widerhallend bis zum fernsten Strande
Ein Aufschrei der Entrüstung durch die Lande.

Großer Sieg der sozialistisch-freisinnig-ultramontanen Verbrüderung über den Reichskanzler. Die Führer Windthorst, Richter und von Vollmar tanzen auf der Tribüne des Reichstages ein „Pas de trois victorieux" und gehen dann in die Weihnachtsferien, während nun der Kanzler für 20000 Mark jährlich mehr arbeiten muß.

In Folge dessen entwickelt der Kanzler eine solche Kälte gegen das hohe Haus, daß man allgemein das Einfrieren der Reichsmaschine befürchtet.

Unser Stolz.

Wie stehen wir nun in der Welt da?

1885.

Im Kampf mit Rom.

Nächstens muß sich entscheiden, welcher von beiden den kürzeren zieht.

Welcher ist der Größere?

Mit einer solchen Macht Politik und sich groß zu machen ist gerade kein übermäßiges Kunststück.
Windthorst, in der 21. Sitzung des Reichstages.

as Bismarck uns und sich errungen,
Laßt uns betrachten jetzt in Ruh.
Zwar ist ihm einiges gelungen,
Doch hatt' er auch die Macht dazu.
Er konnte sicher sich erdreisten,
Weit mehr als sonst ein Rodomont.
Mit solchen Mitteln etwas leisten,
Das hätte Windthorst auch gekonnt!

Ja, wenn man so zwei Millionen
Soldaten zur Verfügung hat,
Dazu die nöthigen Kanonen,
Dann freilich geht es alles glatt.
Mit solcher Macht nach Großem streben,
Von steten Glückes Glanz besonnt,
Das deutsche Vaterland erheben:
Das hätte Windthorst auch gekonnt

Wir wollen's ja dem Kanzler lassen,
Daß manchmal er geschickt verfuhr;
Doch er gebot auch über Massen
Und war veranlagt von Natur.
Fürwahr, bei so bewandten Sachen
Erweitern seinen Horizont,
Sich mächtig und gefürchtet machen:
Das hätte Windthorst auch gekonnt!

Wenn Windthorst doch an Bismarck's Stelle
Gestanden hätt' von vornherein!
Dann würden wir auf alle Fälle
Weit größer noch als heute sein.
Dann hätte niemand mehr zu klagen,
Viel stärker noch wär' unsre Front,
Und jeder Edle würde sagen:
Das hätte Bismarck nicht gekonnt!

Das Gleichniß in dem Bilde „Vivat sequens" (in Nr. 4) ist schon in einem der früheren Jahre bei einer wesentlich anderen Veranlassung gebraucht worden. Hier stehen dem Eisernen zwei irdene Töpfe entgegen. — Richter und Windthorst, die sich seitdem fast immer zusammenfanden, wenn es gegen den Eisernen galt. In den Töpfen sind die jüngsten Tage ihrer parlamentarischen Angriffe eingeschrieben.

Die Vorbereitungen zur Feier des siebzigsten Geburtstages des Reichskanzlers wurden jetzt schon in Berlin wie in allen deutschen Landen getroffen Unter den Clerikalen galt aber die Parole, sich nicht daran zu betheiligen, worauf das nachstehende Gedicht zielt.

Vivat sequens.

Der eiserne Topf und die irdenen.

Recht so!

Den Tag zu feiern, welcher dem deutschen Volk
Den Kanzler schenkte, rüstet man rings im Reich,
Im Fürstenschloß, im Haus des Landmanns
Schlagen die Herzen ihm froh entgegen.

Und mancher, der im tobenden Streit des Tags
Mit scharfer Rede gegen den Mächt'gen kämpft,
Stimmt fröhlich ein: „Hier sei vergessen
Alles, was immer von ihm uns scheidet!

Den langersehnten Rächer gehäufter Schmach,
Des Reiches Schöpfer, welcher als Richter steht
Im Völkerzwist, den Stolz der Deutschen
Wollen wir freudigen Herzens grüßen!"

Die dunkle Schaar nur, welche von Rom erhält
Die Losung, steht bei Seite und rührt sich nicht;
Es spricht das Blatt, das deinen hehren
Namen, Germania, frech sich anmaßt:

„Dem Kanzler danke, wer es vermag, wir nicht!
Zu stolz zum Heucheln bleiben dem Fest wir fern
Und schauen mit verschränkten Armen
Kühl auf das Toben erregter Massen."

Dank, alte Schlange, daß du für dieses Mal
Verschmähst die Maske! Gerne gesteh' ich's zu:
Du sprichst die Wahrheit, und erfreulich
Klingt mir im Ohre dein scharfes Zischen.

Was soll der Römling, der auf den Pfaffen stets
Im Knechtsgehorsam richtet den scheuen Blick,
Beim frohen Fest, wo freie Männer
Freudigen Herzens den Kanzler grüßen!

In welcher großartigen Weise der 70. Geburtstag Bismarck's in Deutschland und in allen Welttheilen gefeiert wurde, ist noch heute in aller Gedächtniß. Das umstehende Bild (in Nr. 14 und 15), in welchem auf dem Haupte des Kanzlers selbst die drei Haare sich in Illuminationskerzen verwandelt haben, deutet die weitverbreitete Theilnahme, die sich auch in zahllosen Geschenken äußerte, nur in allgemeinen Zügen an. Unter den Einzelheiten fehlen auch die Kiebitze nicht, deren Eier die „Getreuen in Jever" dem Kanzler zu jedem seiner Geburtstage senden. Der männliche Kiebitz fragt das Weibchen, ob die Zahl schon voll ist. — Rechts die große Sparbüchse bedeutet die „Spende", welche für den Reichskanzler als ein Nationalgeschenk gesammelt wurde, um ihm dafür das Stammgut Schönhausen, welches seit fünfzig Jahren in andere Hände übergegangen war, schuldenfrei darzubieten.

Dem deutschen Reichskanzler.

Zum ersten April 1885.

Ein starker Baum, weit sein Gezweige breitend,
Im deutschen Boden festgewurzelt steht
Er schön und prangend, vielen Schutz bereitend.

Ob Lenz ihn schmückt, ihn Wintersturm umweht,
Getrost erträgt er's, eine mächt'ge Eiche,
Was auch für Wetter über ihn ergeht.

So kraftvoll stehst Du in dem Deutschen Reiche,
Der besten Freude und des Landes Zier —
Wo ist ein anderer, der sich Dir vergleiche?

Des Volkes Herz schlägt froh und dankbar Dir,
Und nicht vergessen wird es Deiner Thaten,
Ob lang' auch schon im Grabe liegen wir.

So oft der Lenz erneut das Grün der Saaten
Wird dieses Tags gedacht in Ehren sein,
So oft auf's Neu' des Frühlings Künder nahten

Es müßte rückwärts fließen denn der Rhein,
Es müßte denn verschwinden alle Treue
Und alles Recht geworden sein zu Schein.

Sei froh begrüßt an diesem Tag und freue
Des Kranzes Dich, den Dankbarkeit Dir flicht —
O daß noch oft der Lenz sich Dir erneue!

Zwar schont das Alter auch des Starken nicht,
Siegreich vermag kein Mensch mit ihm zu ringen,
Daß endlich Eisen auch und Stein zerbricht.

Wer aber, reiche Ernten einzubringen,
Sich in den heißen Tagen hat gemüht,
Den freut im Herbst und Winter das Gelingen.

Froh wird sein Herz, wenn er die Garben sieht,
Damit gefüllt sich seine Scheuern haben,
Ob auch so manches Liebliche verblüht.

Es ist genug doch, sein Gemüth zu laben,
Ob manches auch bedeckt des Winters Schnee,
Und köstlich sind des edeln Alters Gaben.

Wohl mancher sah schon bei empörter See
Ein Lootsenboot sich aus dem Hafen wagen,
Wenn sich ein Schiff gezeigt hat in der Näh'.

Die Brandung, scheint es, muß das Boot zerschlagen;
Sie stürmt so wild, so siegesfroh heran,
Daß, wer es sieht, ergriffen wird von Zagen.

Am Steuer aber sitzt ein greiser Mann,
Die Augen ruhig auf das Meer gerichtet,
Das nicht sein festes Herz erschüttern kann.

So mancher wähnt das Fahrzeug schon vernichtet,
Er aber lenkt es ruhig durch die Fluth,
Treu in dem Dienst, zu dem er sich verpflichtet.

O, schöne Zier: Besonnenheit und Muth!
Mög' er noch lang' beschirmen solches Walten,
In dessen Händen aller Schicksal ruht —
Lang' noch dem Reich den Steuermann erhalten!

Der schlecht gewählte Geburtstag.

Die „Germania" kann sich noch nicht darüber beruhigen, daß die stille Woche durch die geräuschvolle Kanzlerfeier gestört und entweiht sei.

Gewiß war es nicht hübsch von dem Kanzler, gerade zu dieser Zeit auf die Welt zu kommen. Konnte er nicht in den Wochen erscheinen, welche der Fastenzeit voraufgehen und so wie so schon einen sehr weltlichen Charakter zeigen? Stand ihm nicht die ganze Sommer- und Herbstzeit offen, wo er in kein hohes Kirchenfest fallen konnte, wo man nur Kirchweihen und Processionen hat, bei denen es auch oft laut und lustig genug hergeht? Die Jeverschen hätten dann allerdings ihre Kiebitzeier nicht anbringen können, aber dafür wäre auch den Frommen kein Aergerniß gegeben.

Doch nein, er wählt gerade den 1. April und verleitet dadurch die Menschen in der ernsten Festzeit zu lärmendem Umherziehen, zum Singen und Trinken! So zeigt sich schon im Kinde die Rücksichtslosigkeit, die im Charakter des Mannes einen so stark hervortretenden Zug bilden sollte!

Vorbereitungen

für den ersten April.

Nachdem der Herzog von Braunschweig verstorben war, machte der Herzog von Cumberland seine Erbansprüche auf den braunschweigischen Thron geltend. Mit Bezug hierauf brachte der Reichskanzler den preußischen Antrag vor den Bundesrath: „die Ueberzeugung der verbündeten Regierungen dahin auszusprechen, daß die Regierung des Herzogs von Cumberland in Braunschweig mit dem inneren Frieden und der Sicherheit des Reiches unverträglich sei." Die ultramontanen Blätter, im Sinne ihres welfischen Führers, entrüsteten sich darüber, indem sie Preußen das Recht zu einem solchen Antrag absprachen, durch welchen das Legitimitäts-Prinzip preisgegeben sei.

Seien wir aufrichtig!

Der Unterschied zwischen Windthorst und Bismarck ist nach Windthorsts eigener Angabe der, daß Bismarck mehr Soldaten und mehr Geld hat als er.

Das ist wahr und mag ja auch wohl von manchem bedauert werden. Aber seien wir aufrichtig: ist es nicht im Großen und Ganzen doch besser, daß nicht Windthorst die meisten Soldaten und das meiste Geld hat?

Das Reichs-Hinderniß.

Aus Braunschweig.

Vertreibung des ersten Menschenpaares.

Die „Karolinen-Frage“ (eine andere, als diejenige aus d. J. 1861!) hatte ein paar Monate lang Europa in Erregung versetzt. Der Umstand, daß im August 1885 eine der in der Südsee gelegenen Karolinen, die Insel Yap, von dem Kommandanten eines deutschen Kanonenbootes (Iltis) besetzt wurde, hatte die spanische Bevölkerung in Aufregung und Wuth versetzt. Während man die Inseln, auf denen nur englische und deutsche Interessen zu vertreten waren, bisher als herrenlos betrachten mußte, machte Spanien jetzt ältere Besitzrechte geltend. Da Madrid in Aufruhr war und das Wappen am deutschen Konsulat zertrümmert wurde, erwachte auch in der französischen Nation die Hoffnung eines Krieges gegen Deutschland, obwohl die französische Regierung sich vorsichtig zurückhielt und eine abwartende Haltung bewahrte. Fürst Bismarck behandelte die Sache sehr kühl, und da er den Fall keineswegs als eine Ehrensache für Deutschland betrachtete, so nahm er die Vermittelung des Papstes an, dem die Rolle eines Schiedsrichters überlassen wurde, und welcher sich, wie zu erwarten war, zu Gunsten Spaniens aussprach. — Die durch die Besonnenheit der deutschen Regierung so friedlich beigelegte Streitsache hatte noch zur Folge, daß dem Fürsten Bismarck vom Papste Leo XIII. der Christusorden in Brillanten (der höchste päpstliche Orden) verliehen wurde.

Zureden hilft.

Na, Kleiner, sei wieder gut. Es wird sich alles machen.

Papst Leo XIII. als Schiedsrichter in der Karolinenfrage zwischen Deutschland und Spanien fällt ein wahrhaft Salomonisches Urtheil über die Theilung des Schmerzenskindes, so daß beide Parteien befriedigt ausrufen: Schneiden Sie zu!

Auch ein Probepfeil.

Spiegelberg, nun kenne ich dich!

1886.

Nach dem Scheitern des Tabaks-Monopols legte in diesem Jahre die Regierung dem Reichstage einen Gesetzentwurf, betreffend die Einführung des Branntwein-Monopols, vor. Auch dieses wurde von der Mehrheit des Reichstags abgelehnt. Auch das Centrum war durch die nahe Aussicht auf einen Sieg gegen die preußischen Kirchengesetze nicht zu gewinnen. Auf diesem Gebiete suchte Fürst Bismarck den Frieden in den katholischen Landestheilen herzustellen, wobei er auch hoffte, die Centrumspartei zu versöhnen und ihre grundsätzliche Opposition in andern politischen Fragen zu brechen. Die Centrumspartei nahm Alles, gewährte aber Nichts. Das Bild in Nr. 18 „Der Unersättliche" zeigt die nie zu befriedigende Begehrlichkeit der Clerikalen. Nach dem Vorgange des Herrenhauses, welches im März die in der neuen Regierungsvorlage enthaltene Aufhebung der wichtigsten Bestimmungen in den kirchenpolitischen Gesetzen von 1873 beschlossen hatte, wurden jetzt die Abänderungen auch im Abgeordnetenhause von der Mehrheit angenommen. Nur die Nationalliberalen verharrten auf dem bei ihren frühern Abstimmungen eingenommenen Standpunkt. Die Freikonservativen, wie auch die Deutschfreisinnigen stimmten getheilt. Hiermit waren die wichtigsten Bestimmungen der Maigesetze begraben, aber die Begehrlichkeit der Centrumsfraction war damit noch keineswegs befriedigt.

Der Reichstag hatte aufs neue die von der Regierung geforderte Verlängerung des Socialistengesetzes zu berathen; doch wurde die Verlängerung wiederum nur auf zwei Jahre bewilligt.

Der Unersättliche.

— Für wen ist denn das große Stück?
— Für dich, mein Lieber.
— Ach, man so wenig?

Mit der Wiedereröffnung des Reichstages am 25. November wurde demselben ein neues Militär-Gesetz vorgelegt, durch welches der Bestand der deutschen Armee in der erhöhten Friedens-präsenz-Stärke auf fernere sieben Jahre (Septennat) gesichert werden sollte. Die neue Organisation sollte noch vor Ablauf des bestehenden Septennats eingeführt werden. Die erste Berathung des Friedenspräsenzgesetzes begann am 3. Dezember und wurde an eine Kommission gewiesen, welche nach zweiwöchentlichen Berathungen Beschlüsse faßte, die bereits vom Kriegsminister als unannehmbar bezeichnet wurden. Trotz der wiederholt und dringend ausgesprochenen Wünsche des Kriegsministers um Beschleunigung wurden die Berathungen in der Kommission abgebrochen und die Wiederaufnahme derselben wurde in das neue Jahr verwiesen.

Im Sachsenwalde.

Wie ist's so still und friedlich, wo dicht geschart
Des Sachsenwaldes grünende Riesen stehn!
Vom treuen Reichshund nur begleitet,
Wandelt hier fröhlichen Sinns der Kanzler.

„Wohl mir, so spricht er, daß ich entronnen bin
Des Parlamentes ödem Parteigezänk
Und nichts mehr höre, als des Windes
Liebliches Flüstern in Buchenwipfeln.

Des Amtes Plagen will ich vergessen heut;
Ein schlichter Junker, wie ich es einstmals war,
— O, wär' ich's wieder! — will ich frei von
Sorgen durch Wälder und Fluren schweifen."

Da schwimmt im lauen Winde der zarte Duft
des Maienkrauts, Erinnerung weckt er jäh:
Als ob dem Boden er entstiegen,
Steht vor dem Kanzler ein kleiner Herr da.

Durch seine Brille schaut den Erstaunten er
Gar freundlich an, den mächtigen Mund umspielt
Ein Lächeln mild. „Auf Wiedersehen!"
Spricht er und nickt und verschwindet wieder.

Der Fürst geht lächelnd weiter. Am Wege steht
Ein Arbeitsmann; er legt aus der Hand die Axt,
Des schweren Tagewerks Genossin
Führt er zum Munde, die treue Flasche.

Da, sieh, aus grüner Dämmerung plötzlich tritt
Ein kräft'ger Mann. Das mächtige Haupt umwallt
Reichlicher Haarschmuck — ha, er selber
Ist es, der redegewalt'ge Richter!

Beschwörend streckt dem Fürsten entgegen er
Die starke Rechte: „Nimmer gelingen soll
Dein Plan! Nicht wirst mit schwerer Steuer
Schlagen den Schnaps du des armen Mannes!"

Zum Schloß voll Unmuth wendet der Kanzler sich:
„O eitler Wahn, von Sorgen hier frei zu sein!
Die Freunde folgen wie die Feinde
Mir in den Schatten des Sachsenwaldes."

Hauptfütterung.

Nun, Papchen, welche Hand willst du?

Brennus pacificus.

Deutschland wirft sein Schwert in die Wagschale des Friedens.

1887.

Im Januar wurden im Reichstag die Berathungen des Militärgesetzes wieder aufgenommen; Fürst Bismarck war aber noch nicht wieder in Berlin eingetroffen. Aus den Kommissionsberathungen ging schon hervor, daß die Deutschfreisinnigen sowohl gegen die erhöhte Friedenspräsenzstärke wie auch gegen das Septennat stimmen würden. Die Centrumspartei wollte zwar eventuell für die Vorlage stimmen, aber nur eine Dauer von drei Jahren bewilligen. Am 11. Januar erschien Fürst Bismarck im Reichstag, um in eindringlichster Weise die Nothwendigkeit der Militärvorlage zu begründen, weil das deutsche Reich gerüstet sein müsse gegen alle Gefahren. Der Ausbruch eines Krieges könne noch zehn Jahre dauern, aber auch schon in zehn Wochen eintreten, und eine Ablehnung der Gesetzvorlage würde der Regierung eine Auflösung des Reichstags zur Pflicht machen.

Da trotz der Erklärungen des Reichskanzlers das Centrum und die Deutschfreisinnigen gegen das Septennat stimmten und die Vorlage in Folge dessen am 14. Januar *abgelehnt* wurde, verlas Fürst Bismarck sofort nach der Abstimmung die kaiserliche Verordnung, welche die *Auflösung des Reichstags* verkündete.

Die nach der Auflösung ausgeschriebenen neuen Wahlen fanden am 21. Februar statt, und der Ausfall derselben ergab bereits eine völlig gesicherte Majorität der Septennats-Parteien.

Der Lärm, mit welchem der französische Kriegsminister Boulanger Deutschland mit dem Revanche-Krieg bedrohte, hatte Vieles zu dem Resultat beigetragen; vor Allem aber gab das deutsche Volk der Reichsregierung damit zu erkennen, daß es ihr vollkommen vertraue. — Als dem neuen Reichstag das Militärgesetz unverändert wieder vorgelegt worden, wurde es am 11. März mit der Mehrheit von $^4/_5$ gegen $^1/_5$ (Deutschfreisinnige und Socialdemokraten) angenommen. Das Centrum, welches durch Weisungen aus Rom in Verlegenheit gerathen war, enthielt sich jetzt der Abstimmung. In Frankreich hielt man es für gerathen, noch zu warten. Die Reden Bismarcks hatten im ganzen Auslande ungeheures Aufsehen gemacht.

Zum 21. Februar.

Faust: Ich grüße dich, du einzige Phiole,
Die ich mit Andacht nun herunterhole!
— — — — — — — — — —
Erweise deinem Meister deine Gunst!

Das Auge, welches wir stets auf Frankreich haben.

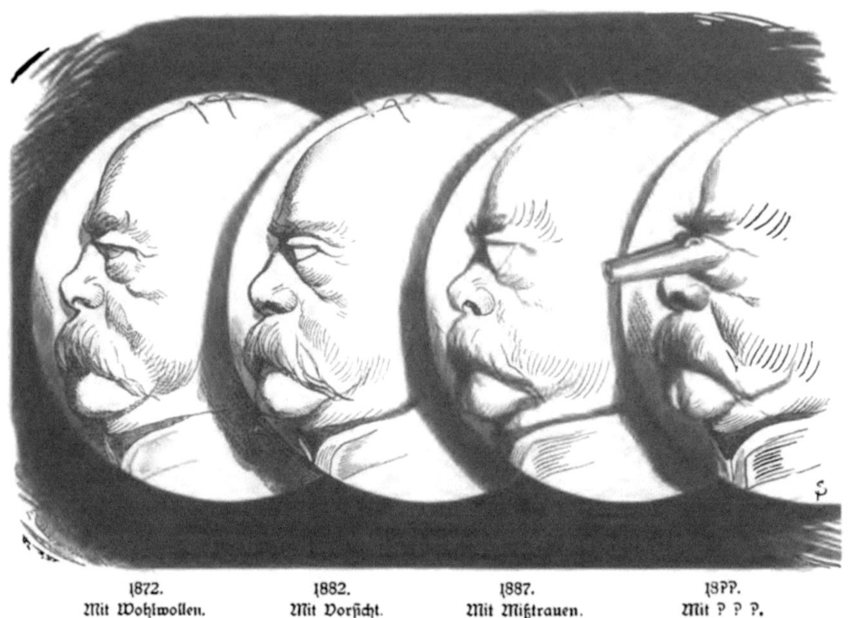

1872.	1882.	1887.	18??.
Mit Wohlwollen.	Mit Vorsicht.	Mit Mißtrauen.	Mit ? ? ?.

Zum Beispiel.

Das Hypnotisiren ist so alt wie die Weltgeschichte.

Verantwortlicher Posten.

Europas Central-Weichensteller.

Der siebenjährige Friede.

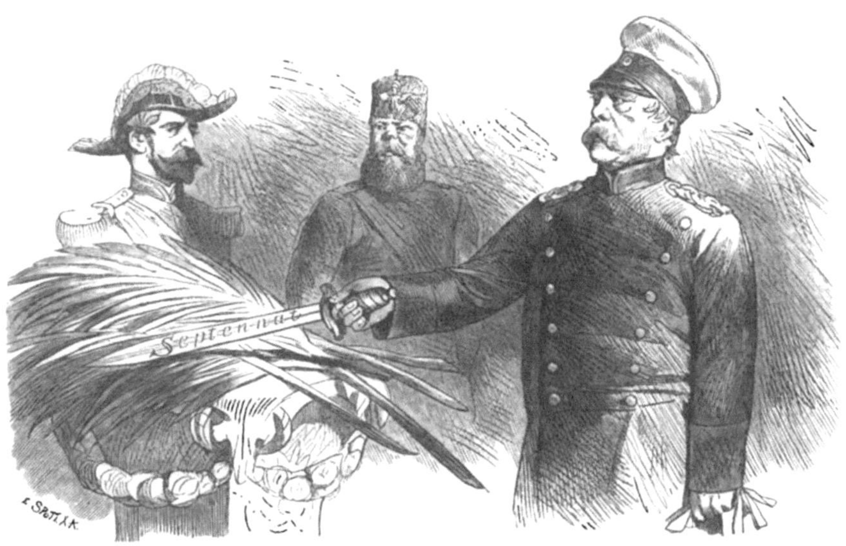

Nun, meine Herren Nachbarn, haben Sie schon gewählt?

1888.

Am 6. Februar kam im Reichstag der Gesetzentwurf über eine Anleihe für Zwecke der Verwaltung des Reichsheeres zur Annahme. Bismarck hatte hierbei in einer seiner großartigsten und inhaltvollsten Reden sich hauptsächlich über die Beziehungen zum Auslande eingehend und offen geäußert. Auf die Kritik seines Verhaltens in der bulgarischen Krisis bemerkte er: Er würde verdient haben, wegen Landesverraths vor ein Gericht gestellt zu werden, wenn er „solche Dummheiten" unternommen hätte, wie die fortschrittliche und klerikale Presse sie ihm zugemuthet habe. Gegen den Schluß dieser weltgeschichtlichen Rede sprach er von den Drohungen der ausländischen (französischen und russischen) Presse; das deutsche Volk ließe sich aber nicht „durch eine gewisse bedrohliche Gestaltung der Druckerschwärze" einschüchtern: „Wir Deutsche fürchten Gott, aber sonst nichts in der Welt, und die Gottesfurcht ist es, die uns den Frieden schon lieben und pflegen läßt."

Ein stolzes Wort.

„Wir Deutsche fürchten Gott, aber sonst nichts in der Welt."
Fürst Bismarck in der Reichstagssitzung vom 6. Februar.

Ein stolzes Wort, o Deutschland, ist erklungen,
Vernommen hat die ganze Welt das Wort.
Wohl ziemt dem Mann es, dem das Werk gelungen,
Das festgefügt bestehn wird fort und fort,
Dem Mann, der dir, o Vaterland, errungen
In heißen Kämpfen aller Ehren Hort.
Er sprach es aus, den Jubel grüßt und Freude,
Der Fremden Neid und deutscher Herzen Weide.

Was deine Sänger dir in alten Tagen,
O Deutschland, sangen, spät erst traf es ein.
Hoch darfst dein Haupt du vor den andern tragen,
Vorangehn darfst du in der Völker Reih'n.
Ja, mehr noch, als im Singen einst und Sagen
Verheißen dir, viel mehr noch wurde dein.
Kein Sänger sah im ahnenden Gemüthe
Dich, wie du heute prangst in voller Blüthe.

Du brauchst nicht gierig Lorbeer zu erraffen,
Genug der Kränze zieren deinen Herd;
Du brauchst nicht Macht und Glanz erst dir zu schaffen,
Dir ward beschieden, was dein Herz begehrt;
Kein anderes Volk bedrohen deine Waffen,
Zu deiner Kinder Schutz führst du das Schwert.
Und freuend dich der schwererkämpften Güter,
Erscheinst der Welt du als des Friedens Hüter.

Dir steht bereit, dein Eigen zu beschirmen,
Von deinen Männern eine starke Wehr.
Erschallt der Ruf zum Streite von den Thürmen,
Im Schmuck der Waffen schreitet sie daher
Dem Feind entgegen, kühn und fest den Stürmen
Zu trotzen, wie im aufgeregten Meer
Ein Damm von Stein, ein Fels, daran die Wellen
Anprallen nutzlos, stets aufs Neu' zerschellen.

O Vaterland, nicht wieder möge schwächen
Dich Zwietracht, die so lang dich hielt im Bann!
Nicht mög' in Ohnmacht wieder das zerbrechen,
Was Tapferkeit und Klugheit dir gewann,
Daß stets du wagen kannst, es nachzusprechen,
Das Wort, das jüngst aussprach dein treuster Mann.
Das bleib' ein Kleinod kommendem Geschlechte,
Dann steht es gut um dich und deine Rechte.

Am 3. Februar (1888) veröffentlichten der preuß. Staatsanzeiger u. die Wiener Abendpost den Wortlaut des bereits am 7. Oktober 1879 zwischen den Regierungen Deutschlands und der österreich.-ungar. Monarchie geschlossenen Bündnisses, „um den Zweifeln ein Ende zu machen, welche an den rein defensiven Intentionen desselben auf verschiedenen Seiten gehegt und zu den verschiedenen Zwecken verwerthet worden.“ Der Charakter des Bündnisses wird als der „des Friedens und der gegenseitigen Vertheidigung“ bezeichnet, indem die Contrahenten „einen jeden von Seiten Rußlands erfolgenden Angriff auf Einen von ihnen als gegen beide gerichtet betrachten.“

In der Galerie „Bismarck“.

„Ew. Majestät bitte ich, diesem Kunstwerk, bei dessen Betrachtung ich immer wieder Ruhe und Zuversicht finde, eine besonders liebevolle Beachtung zu schenken.“

Das folgende Bild unter der Ueberschrift „Frei nach Knaus“ lehnt sich in der Form an das weitbekannte Knaus'sche Bild „Salomonische Weisheit“. Der hier als der Schüler dargestellte älteste Sohn des Fürsten, Graf Herbert v. Bismarck, war bereits 1886 zum Staatssekretär ernannt worden und einige Monate später war er Stellvertreter des Ministers des Auswärtigen (Bismarck's). Im Mai dieses Jahres (1888) wurde er zum Staatsminister ernannt.

Frei nach Knaus.

Väterlicher Unterricht in der Staatskunst.

An den Fürsten Bismarck.

Zu ruhn im Alter und des Errungnen sich,
Sich des Erworbnen friedlich und still zu freun:
Jedweder wünscht es sich im Herzen,
Auch der nur wenig erwarb im Kampfe.

Dir war's zu gönnen, der du so viel errangst,
Uns so gewalt'ge Ernte hast eingebracht,
Daß du des schwer errungnen Kranzes
Könntest dich freun in des Herbstes Tagen.

Doch nicht beschieden sollte dies Loos dir sein,
Zu neuen Kämpfen führte das Alter dich,
Dir auf die Schulter Lasten häufend,
Schwerer, als je du vorher getragen.

In Sturmesangriff kühn auf den Feind zu gehn,
Mit ihm zu messen Antlitz in Antlitz sich,
Ist Manneslust, ist Lust des Helden,
Welchem wie dir in der Brust das Herz schlägt.

Doch andern Muth noch fordert es, still zu stehn,
Preisgebend fernher kommenden Kugeln sich,
Wehrlos, den Posten nur behütend,
Welchen zu halten die strenge Pflicht heischt.

Dein Posten ist das, welchen du hütest jetzt,
Zurück nicht weichend, ruhig und festen Sinns,
Vorbild unwandelbarer Treue
Allen Geschlechtern, die nach uns kommen.

Nicht wirbt vergebens Treue um Treue, nicht
Wird je das deutsche Volk es vergessen dir,
Daß fest du standst in schweren Tagen,
Als dich die Last schon des Alters drückte.

So treue Dienste schreibt es sich tief ins Herz,
Mit Dank und Liebe stets wird es ehren dich,
Des Kaisers besten Freund, den besten
Freund und Berather des Vaterlandes.

Ausharre muthvoll, sichern Vertrauens, daß
Den schönsten Sieg, den herrlichsten du gewinnst,
In deinen Kranz der Ehren flechtend
Glänzende Blätter, die schwer erkämpft sind.

Die Veröffentlichung aus dem Tagebuche Kaiser Friedrichs in der Monatsschrift „Deutsche Rundschau" (im September) und die darauf erfolgte Anklage gegen den Geh.-Rath Geffcken ist noch zu frisch in der Erinnerung, als daß es nöthig wäre, das untenstehende Bild aus Nr. 46 zu erläutern, auf welchem Fürst Bismarck den Faden des aufsteigenden „Drachen" durchschneidet.

Das unterbrochene Opferfest.

Kurze Herbstfreude.

1889.

Das letzte Jahr, welches noch in den Rahmen unseres Albums gehört, brachte zwar im Sommer in der gesetzlichen Regelung der Alters- und Invaliditäts-Versicherung eine der größten Schöpfungen auf dem Gebiete der social-politischen Gesetzgebung; aber auf die Person des Fürsten Bismarck bezügliches enthält der Jahrgang nur wenig. Die Episode in unserer vorjährigen politischen Geschichte, als die Person des General-stabschefs Grafen Waldersee durch allerlei dunkle Gerüchte in Gegensatz zu dem Kanzler gebracht wurde, hat in dem kleinen Bilde der partiellen Mondfinsterniß ihren Platz erhalten. Die Wirkungen der durch das Septennat 1887 hervorgerufenen Kartell-Wahlen ist in dem Bilde des stattlichen Viergespanns allegorisirt. — Die Aufgabe der Kreisersatz-Kommission, bei der es sich in dem Bilde aus Nr. 10 um den Nachfolger des Kanzlers handelt, hat seitdem ihre Lösung gefunden, deren Beurtheilung der Zukunft vorbehalten bleibt.

Mit Vieren.

Parlamentarischer Frühjahrs-Corso.

Kinder, zupft nur immer ruhig weiter an mir herum, ich hoffe, ihr werdet mir noch recht oft Gelegenheit zu Gegenleistungen bieten.

Am politischen Himmel.

Hoffentlich hat diese von Pindter beobachtete partielle Mondfinsterniß keine verhängnißvollen kritischen Tage im Gefolge.

In Varzin.

Mit stillem Genuß blickt der Reichskanzler wieder einmal auf die Köpfe, die nicht voller Parteihader und Opposition stecken.

Kanzler-Ersatz-Commission.

Dem Drängen gewisser Parteien nachgebend, soll der Kanzler entschlossen sein, sich bei dem Suchen seines Nachfolgers zu betheiligen.

1890.

Des Reichskanzlers Abschied.

An den Fürsten Bismarck

zum 1. April.

Wenn einsam heut im Sachsenwald Du Dich ergehst.
So lässest die Gedanken rückwärts wandern Du
In alte Zeit. Der Jugend stürmische Tage ziehn
Vorüber Dir, da kühne Pläne schon Du trugst
Im hohen Sinn, erwägend, wie das Vaterland
Zu retten sei aus schimpflicher Ohnmacht schwerem Bann.
Und weiter denkst Du, wie begonnen Du das Werk,
Und wie gefügt mit starker Hand Du Stein zu Stein.
Bis endlich stand vollendet da der Riesenbau,
Die Welt mit Staunen füllend und Bewunderung.
Wenn also rückwärts schauend heute Du erwägst,
Was Du vollbracht, Dich weihend ganz dem Vaterland.
Darfst sagen Du: „Noch größer ist's und herrlicher,
Als ich in kühnem Jugendmuth dereinst geträumt!“
Heil Dir, o Fürst! So lange auf dem Erdenrund
Noch Deutsche wohnen, wird die stolze Kunde nicht
Von dem ersterben, was Du für Dein Volk gethan.

Von langer Arbeit ruhe nun in Frieden aus!
Was in vergangenen Tagen oftmals Du ersehnt.
Beschieden ist es jetzo Dir: auf eignem Grund
Als schlichter Gutsherr sitzest Du. Du siehst, wie sich
Dein Wald mit frischem Laube schmückt im jungen Lenz;
Durch Deine Felder schreitest täglich Du und siehst
Die reichen Saaten fröhlich wachsen und gedeihen;
Und wenn im Herbst die Schnitter sich beim Erntefest
Im Tanze mit den drallen Mägden drehn, so trittst
Du unter sie, von lautem Jubelruf begrüßt,
Und fühlst als Herr in Deinem kleinen Reiche Dich
Beglückter, als gewesen Du zur Zeit, da noch
Gespannt Europas Völker Deinem Wort gelauscht.
Doch ob Du auch geflüchtet vor der Hauptstadt Lärm
Dich in die Stille Deiner Wälder, nimmermehr
Magst Du entfliehn der Liebe und der Dankbarkeit.
In alter Treue denken Dein Unzählige.
Und heut erbraust durchs ganze Reich der laute Ruf:
Heil Dir, o Fürst! Beschieden sei Dir's lange noch.
Mit rüstgem Schritt im Sachsenwald Dich zu ergehn.
Und oftmals magst Du feiern noch den frohen Tag.
Der uns den besten Deutschen hat dereinst geschenkt!

Der Reichskanzler legt alle seine Aemter nieder, gibt alle seine Insignien zurück und begiebt sich in die wohlverdiente „Friedrichsruh“.

Briefe

des

Fürsten Bismarck aus den Jahren 1849, 1859 und 1864

an

Ernst Dohm

Die in der Anlage mitgetheilten zwei ersten Briefe des Fürsten Bismarck an den Redacteur Ernst Dohm waren durch eine Notiz veranlaßt, welche sich in der Nummer des Kladderadatsch vom 2. Dezember 1849 befand. Dieselbe lautet:

Wo commandirte doch im Jahre 1809 ein gewisser Herr von Bismarck?

Was mit der Anfrage gemeint sein sollte, können wir heute nicht mehr feststellen. Jedenfalls hatte sie eine gehässige Tendenz, was besonders auch durch den Platz, den sie zwischen anderen Angriffen einnimmt, welche gegen die gerade durch das Fiasco des Waldeck'schen Prozesses schwer compromittirte Kreuzzeitungs-Partei gerichtet sind — angedeutet erscheint. Die Grundlosigkeit der tendenziösen Anfrage wird in der folgenden Nummer des Blattes bestätigt durch eine zur Vermeidung „irriger Auffassung einer irrigen Notiz" gegebene redactionelle Erklärung.

Jedenfalls wird der erste der mitgetheilten Briefe des Fürsten sowohl durch seinen Inhalt wie durch die Form das höchste Interesse erregen.

Die Antwort Dohm's auf diesen Brief kennen wir nicht. Es erfolgte darauf das zweite Schreiben Bismarck's.

Ueber die Beziehungen der folgenden beiden Briefe ist im Texte des Albums an den betreffenden Stellen pag. 6 und 26 das Nähere angegeben.

Berlin 2 September 1879

Ew. Wohlgeboren

haben wir in Ihrem geschätzten Blatte schon öfter die Ehre erzeigt, Sich mit meiner Person zu beschäftigen; in der letzten Nummer wenden Sie Ihre Theilnahme auch meiner Familie zu, und freue ich mich Ihre gefällige Anfrage, insoweit sie sich auf meine näheren Verwandten, die Angehörigen des Schönhausener Hauses bezieht, dahin beantworten zu können, daß im Jahre 1809 einer derselben das brandenburgische Cürassierregiment commandirte, ein anderer Major im ehemaligen Regiment Göcking Husaren war, und 2 sich als Offiziere beim Schill'schen Corps befanden. Weniger Werth für Ew. Wohlgeboren hat vielleicht die Notiz, daß von den 7 Mitgliedern dieser Familie welchen es vergönnt war an dem französischen Kriege theilzunehmen, 3 auf dem Schlachtfelde blieben und die 4 andern mit dem eisernen Kreuz heimkehrten. Alle diejenigen meines Namens, welche nicht aus dem Schönhausener Hause stammen, waren zu jener Zeit entweder westphälisch, oder, wie noch heut, österreichische und württembergische Unterthanen, und es ist mir nicht bekannt, ob im Jahre 1809 einer von ihnen commandirt hat. Sollten Ew. Wohlgeboren im Besitz näherer Data hierüber sein, so würde ich es dankbar erkennen, wenn Sie mir deren Mittheilung wollten, da ich mich für die Geschichte meiner Familie auch in ihren übrigen unverfänglichen Beziehungen unterrichten. Was aber [illegible] in Ihrem Blatte betrifft, so verhülle ich mich, soweit meine Person dabei betheiligt ist, wieder mit der gewohnten [illegible] in den Mantel stillschweigender Verachtung, noch würde ich jemals zu anderen Mitteln der Abwehr greifen, als zu denen welche die Presse gewähren kann; was aber Kränkungen meiner Familie anbelangt, so nehme ich bis zum Beweis des Gegentheils an, daß Ew. Wohlgeboren Anschauungsweise von meiner eigenen nicht so weit abweicht, daß Sie es als einen Zug vorsündfluthlichen Junkerthums ansehen würden, wenn ich in Bezug auf dergleichen von Ihnen diejenige Genugthuung erwartete, welche nach meiner Ansicht ein Gentleman dem andern unter Umständen nicht verweigern kann.

Ich bitte Sie die Versicherung der ausgezeichneten Hochachtung vor Ihrer Person und Ihrem Blatte zu genehmigen, mit welcher ich die Ehre habe zu sein

Ew. Wohlgeboren

ergebenster Diener
von Bismarck-Schönhausen.
Behrenstr. 60.

Berlin 6 December 1849

Ew. Wohlgeboren

sage ich meinen verbindlichsten Dank für die offene und zufriedenstellende Art in der Sie die Güte gehabt haben, mein Schreiben zu beantworten. Ich freue mich, daß ich mich in der Voraussetzung nicht getäuscht habe, daß neben einer gesetzlichen Ehre, die sich auch unter veränderten Umständen gleich bleibt, auch das Vorhandensein einer ehrenhaften Auffassung von Privatverhältnissen anzunehmen sei.
Die mangelhafte Bestellung meines Briefes fällt der Post zur Last, falls nicht, im Widerspruch mit seiner Auftrage, der Diener vorgezogen haben sollte, sich das Porto selbst zu verdienen.
Mit der Versicherung aufrichtiger Hochachtung

Ew. Wohlgeboren

ergebenster

v. Bismarck-Schönhausen.

Petersburg 14. Mai 59.

Erst vor wenigen Tagen sind mir von der hiesi-
gen Post die mir bisher fehlenden Nummern
Ihres geschätzten Blattes aus dem vorigen Monat zugegangenen Brief einschließl. der Nr. 14–15 erhalten ich mir an Herrn Redacteur die ergebenste Bitte, Müller darüber aufklären zu wollen, daß
er sich von Schultze etwas hat aufbinden lassen.
Die Angaben beider sind aus der Luft gegriffen,
oder nach dem technischen Ausdruck „erfunden“;
bis auf ein Abschiedsdiner bei Herrn von Wolf-
mann; aber ohne gesinnungstüchtigen Bru-
derkuß, ohne Kranzspenden und ohne Toast, wie denn
der mir in den Mund gelegte, in einer auf ...

zösischen, deutschen und englischen Diplomaten, an
den aus russischen natürlich, bestehenden Gesellschaft, auch „beim Abend vom vierten Glase“
nicht wohl anzubringen gewesen wäre.
Diese Berichtigung hat nicht den Zweck, die zur Re-
habilitirung eines in seinem Patriotismus und
seiner Rechtlichkeit verkannten Staatsbeamten
zu bewegen, sondern ist lediglich bestimmt, mich
vor dem Vorwurfe eines [illegible], dem ich so viele
angenehmen Momente verdankte wie dem [illegible]-
gen, vor dem Verdachte einer so groben Geschmack-
losigkeit zu reinigen, wie sie in solchen Tagen eines solchen Ausbruches gelegen hätte.
Zugleich bitte ich Sie im Interesse des Blattes, dieß

gegen Frankfurter Correspondenten ein gründ-
sätzliches Mißtrauen entgegen zu halten, und
in meinem Betragen, sobald ich einmal weit mehr
Kraft als jetzt Ihrer Partei anheimfallen sollte.
Sich zu erinnern, daß ich auf No 14 15. auf eine
Guthaben bei Ihrem Verzeichniß warte.

Mit vorzüglicher Hochachtung

Ew Wohlgeboren

ergebener

[illegible]

Berlin 8 Dez. 1864

Ew. Wohlgeboren benachrichtige ich ganz privatim, daß S. M. der König heute den Beschluß der noch nicht abgebrochenen am 5. Wochen vollzogen hat; das Weitere erfolgt auf amtlichem Wege. Abgesehen von der geehrten Firma ist das hübsche Bild der letzten Nummer auf die Entschließung nicht ohne Einfluß geblieben. Darf ich eine ganz besondere Bitte an diese Mittheilung knüpfen, sie [illegible] die, die [illegible] Carolina [illegible] zu behalten. Mit vorzüglicher Hochachtung Ew. Wohlgeboren ergebenster

Bismarck

Sr. Wohlgeboren

dem Redacteur Herrn Dohm

Sofort an den Herrn Adressaten zu bestellen.

der Minister des Innern

Gr. Eulenburg.

Nachtragsbrief